Core-A교재개발 시리즈 5

Core-A 개발 보드 활용법

(How to Use Core-A Development Board)

기 안 도 저

32bit RISC

GNU

GCC

ICE

특허청
KOREAN INTELLECTUAL PROPERTY OFFICE

반도체설계교육센터
IC DESIGN EDUCATION CENTER

책의 배경과 내용 그리고 목적

Core-A(코어에이) 프로세서는 특허청의 '핵심반도체설계재산권 창출촉진사업'으로 KAIST ICSL(Integrated Computer Systems Lab)에서 개발한 RISC 타입의 32-비트 임베디드 프로세서이다.

Core-A 개발 보드는 특허청의 '반도체설계재산 활용확산교육사업'으로 ㈜다이나릿시스템에서 개발한 것으로 Core-A 프로세서를 활용한 하드웨어를 구성하고 Core-A 프로세서용 소프트웨어를 실행시켜 볼 수 있도록 구성한 FPGA 보드이며 임베디드 시스템을 구성하는 다양한 주변 장치들을 실장하고 있다.

이 책은 네 개 부분으로 구성되어 있고, 제1부에서는 Core-A 개발 보드를 활용하는 전반적인 내용을 설명하고, 제2부에서는 Core-A 개발 보드에 대해 상세하게 설명하고, 제3부에서는 Core-A 개발 보드에 추가할 수 있는 영상 입출력 보드에 대해 상세하게 설명하고, 제4부에서는 Core-A 개발 보드에 추가하여 비교적 단순한 기능을 시험해 볼 수 있는 기초 실습 보드에 대해 설명한다. 부록으로 Xilinx FPGA의 UCF와 각 하드웨어 블록들의 데이터 시트를 CD로 첨부한다.

이 책의 목적은 Core-A 개발 보드를 구성하는 각 기능 블록에 대해 상세하게 정리하여 개발 보드를 활용하여 하드웨어를 설계할 때 도움이 되게 하는 것이다.

차 례

제1부 Core-A 개발 보드 활용

제2부 Core-A 개발 보드

제3부 Core-A 개발 보드 용 영상 입출력 보드

제4부 Core-A 개발 보드 용 기초 실습 보드

제 I 부

Core-A 개발 보드 활용

1 Core-A 개발 보드 활용 소개[1]

Core-A 개발 보드를 활용하는 전반적인 환경과 방법에 대해 소개한다.

1 개발 보드를 활용한 설계의 순서

개발 보드는 FPGA(Field Programmable Gate Array)와 주변 장치로 구성된 하드웨어 보드이며, 이를 활용한다는 것은 보드의 FPGA에 Core-A[1][2]를 포함한 하드웨어를 구성하고, 구성된 하드웨어에 프로그램을 실행시키는 것을 의미하며, [그림 1]에 간략하게 정리한 순서로 진행된다.

1. **요구사항과 규격**(requirements and specification): 개발 보드에 구현할 시스템의 요구사항을 정리하고 분석하여 시스템 규격을 준비한다.
2. **하드웨어 준비**(hardware coding): 미리 준비된 것을 재활용하거나 HDL(Hardware Description Language)로 설계하여 시스템을 구성할 하드웨어를 만든다.
3. **소프트웨어 준비**(software programming): 시스템에서 실행할 소프트웨어를 프로그램 한다.
4. **보드 수준 통합 시뮬레이션**(board-level HW/SW co-simulation): 준비된 하드웨어와 소프트웨어를 통합하여 시뮬레이션 한다. 이 과정에서 하드웨어와 소프트웨어가 연동하는데 문제가 없도록 디버깅한다.
5. **하드웨어 합성과 PnR**(synthesis, placement and routing): 하드웨어를 보드에 있는 FPGA에 적용하기 위한 합성과 후처리를 한다.

[1] Introduction to how to use Core-A development board
[2] 32-bit RISC processor for embedded system

6. **FPGA 프로토타이핑**(prototyping): 준비된 하드웨어와 소프트웨어를 개발 보드에 적용하여 실행하고, 하드웨어와 소프트웨어를 디버깅 한다.

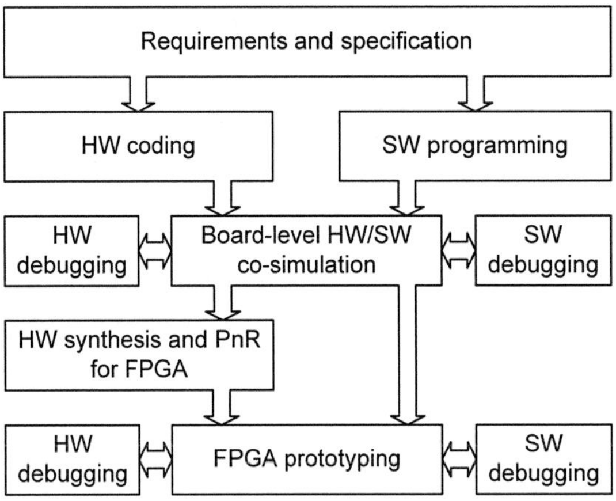

[그림 1] 개발 보드 활용의 개념도

2 개발 보드 활용에 필요한 개발 도구들

[그림 1]에서 설명한 개발 과정에는 다음과 같은 개발 도구들이 필요하다.

- **HDL simulator(HDL 시뮬레이터)**: HDL로 준비된 하드웨어를 시뮬레이션하기 위한 프로그램 – Mentor Graphics ModelSim, Cadence NC-Sim, Synopsys VCS 등
- **Logic synthesis(로직 합성기)**: HDL로 준비된 하드웨어를 합성하기 위한 프로그램 – Xilinx XST
- **FPGA PnR(FPGA 배치 및 배선)**: 합성된 하드웨어를 FPGA에 적용할 수 있도록 처리하는 프로그램 – Xilinx ISE
- **FPGA bitstream downloader**: 설계한 하드웨어로 FPGA를 구성하기 위해 준비된 프로그램 정보(bitstream)를 다운로드하는 프로그램 – Xilinx iMPACT
- **Hardware debugging tool**: FPGA 내부에 구성된 하드웨어의 동작을 관측하기 위한 프로그램과 하드웨어 – Xilinx ChipScope, Xilinx Platform Cable, Oscilloscope, Logic analyzer
- **Core–A cross–compiler(Core–A 교차 컴파일러)**: C 언어와 어셈블리 언어로 준비된 프로그램을 Core-A 프로세서가 실행할 수 있는 기계어(assembly)로 변환하는 컴파일러 프로그램 – Core-A AS, Core-A GCC, LD

- **Core-A ISS (Instruction Set Simulator) (명령어집합시뮬레이터)**: Core-A에서 실행될 프로그램을 하드웨어에서 실행하기에 앞서 가상적으로 실행할 수 있도록 하는 프로그램
- **Core-A debugger**: Core-A 프로세서에서 실행되는 프로그램을 디버깅하기 위해 필요한 프로그램과 하드웨어 – Core-A GDB, Core-A GDB Server, Dynalith OpenJTAG for Core-A

3 요구사항과 규격

[그림 1]에서 설명한 개발 과정에서 가장 먼저 해야 될 일은 구성할 시스템의 요구사항을 정리하고 분석하여 구체적인 규격을 만드는 것이며, 이 과정에서 대략 하드웨어로 구현할 부분과 소프트웨어로 구현할 부분을 결정한다. 이후, 하드웨어와 소프트웨어 사이에 공유되는 인터페이스를 정확히 규정하여 하드웨어 개발과 소프트웨어 개발을 동시에 진행할 수 있게 하고, 상호 연동되는데 문제가 없도록 한다.

시스템의 요구사항은 구현할 기능에 따라 정의되어야 할 것이 있을 것이다. 예를 들면, 실시간 특성을 위해 1us 해상도를 갖는 타임 인터럽트가 필요하다거나, 외부와의 통신에 100Mbps 이더넷이 필요하다거나, VGA 영상을 입출력하기 위한 프레임 메모리가 필요하다거나 등이다. 이러한 시스템 요구사항을 바탕으로 시스템의 동작속도와 메모리의 종류, 용량 등을 결정한다. 시스템 요구사항을 만족하는 개략적인 규격이 정해진 후, 가장 먼저 정리 할 정보는 다음과 같다.

- **Address map**: 각 메모리들과 각 하드웨어 기능블록의 상태제어 레지스터들의 주소 공간을 일관되고 체계적으로 구분한다.
  - ○ Core-A는 입출력 장치의 레지스터를 메모리 주소 공간에 할당한다.
  - ○ 주소 공간 중, 캐쉬에 저장될 수 있는 영역[3]과 그렇지 못한 영역[4]을 명확히 구분한다.
- **Interrupt assignment**: 하드웨어 기능블록들이 생성하는 인터럽트들을 구분할 수 있도록 지정하고, 필요한 경우 인터럽트의 우선순위를 결정한다.
- **Clock frequency**: 동작 주파수에 의존적인 특성을 갖는 하드웨어 기능블록들의 클럭 주파수를 명확히 한다.

---

3 cacheable space
4 non-cacheable space

○ SDRAM이나 NOR-FLASH 등은 소자의 응답 속도를 고려해서 해당 제어기의 레지스터를 설정할 필요가 있다.
○ UART와 같이 외부 통신의 속도를 결정하는데 있어 동작 주파수가 지정되어야 하는 경우가 있다.
○ TIMER와 같이 시간을 관리하는 기능 블록은 동작 클럭의 주파수가 매우 중요한 정보이다.
○ I2C나 SPI와 같이 해당 입출력 버스에 연결된 소자들의 응답 속도에 따라 해당 버스의 동작을 적절하게 조정할 필요가 있다.

- IO device address map: 각 입출력 장치들이 독자적으로 사용하는 주소에 대해 정리한다.
  ○ I2C나 SPI 등과 같이 입출력 장치가 독자적으로 사용하는 주소에 대해 명확한 정리가 필요하다.
  ○ Ethernet PHY의 MII 버스에 지정하는 주소가 있다.

[그림 2]에 개념적으로 정리한 바와 같이 응용 프로그램을 개발하는 과정에서는 하드웨어의 구체적인 내용을 추상화한 HAL(Hardware Abstract Layer)을 활용하도록 하고, HAL은 하드웨어의 구성에 의존적인 부분을 레지스터 읽기와 쓰기 그리고 이들을 조합한 API(Application Programming Interface)를 제공하도록 한다. 이후, HAL을 기반으로 특정 OS(Operating System)에 특화된 BSP(Board Supporting Package)를 개발한다.

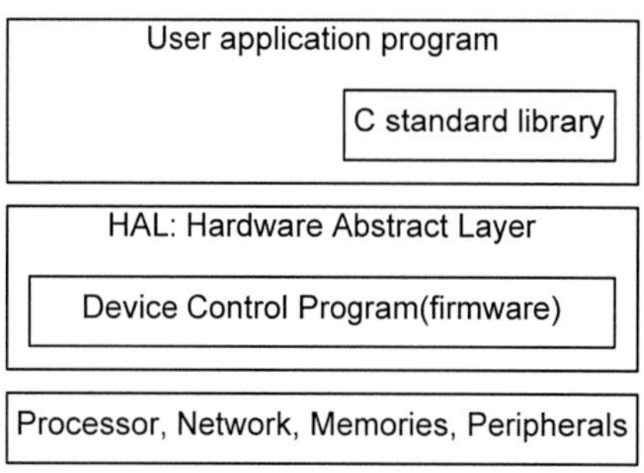

[그림 2] 하드웨어와 소프트웨어의 계층 구성

4 하드웨어와 소프트웨어 준비

하드웨어는 Verilog나 VHDL로 코딩하고 시뮬레이션하여 기능을 검증하게 되고, 이 검증과정에 HDL 시뮬레이터를 사용하며, 필요에 따라 로직 합성한 후 게이트 수준 시뮬레이션 등을 한다. Core-A를 활용한 설계는 시스템 집적 반도체(SoC: System-on-Chip)이고, 이 경우 내부에 버스를 사용하는 것이 일반적이므로 [그림 3]과 같이 구성하는 것이 바람직하다. 즉, HDL로 구현된 하드웨어 블록을 버스에 연결하고, 버스를 통해 시험 한다. 이때 순수하게 HDL을 이용하여 시험 각본을 구성할 수도 있고, C 언어로 구성할 수도 있다. C 언어를 이용할 경우, HAL에서 사용할 프로그램을 하드웨어 시험에 사용할 수 있는 장점이 있다. BFM(Bus Functional Model)의 역할은 시험 각본에서 생성된 참조 요청들을 버스 전송으로 변환하는 것이고, C언어로 된 프로그램을 HDL과 연동하는 기능도 필요하다. 하드웨어 블록 중 외부 소자를 제어하거나 통신하는 것이 있으므로, 이들의 경우 외부 소자나 통신 채널을 모델링하여 연동한다.

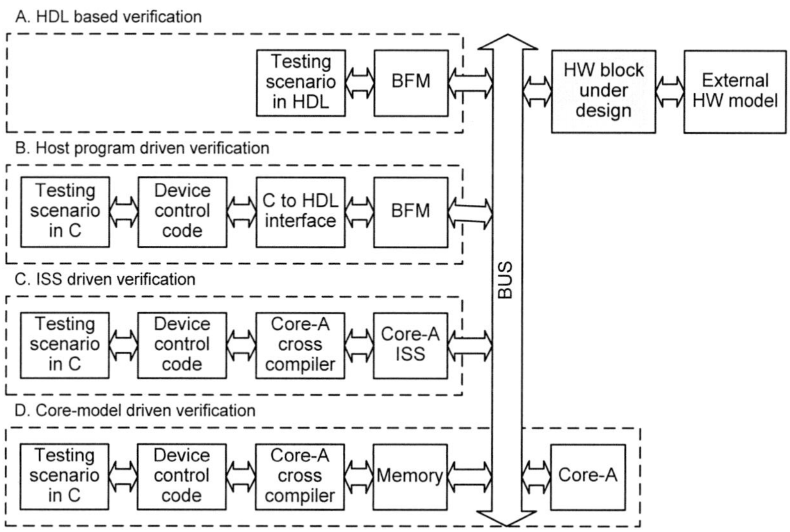

[그림 3] 하드웨어 기능 검증 환경

소프트웨어는 [그림 2]에서 소개한 HAL의 소자 제어 프로그램을 준비하고, 이를 기반으로 응용 프로그램을 준비한다. 소자 제어 프로그램은 [그림 3]에서 설명한 것과 같이 하드웨어 기능 시험에도 사용한다. 설계의 순서상 초기에 하드웨어 모델이 준비되지 않은 경우, ISS를 이용하여 소프트웨어의 기능을 검증한다.

5 하드웨어/소프트웨어 통합 검증

프로세서를 내장한 반도체 칩은 자체가 독자적인 시스템으로 동작할 수 있도록 설계되기도 하지만, 외부에 메모리와 입출력 장치가 연결되는 것이 일반적이다. 아울러 반도체 칩에 내장된 프로세서가 프로그램을 수행해야 전체 시스템이 동작하며, 이때 하드웨어와 소프트웨어가 상호 연동하는데 필요한 모든 것이 정확하게 일치해야 한다. 이러한 이유로 각 하드웨어 기능 블록을 독자적으로 검증하는 것 만으로 부족하며, 설계한 시스템을 FPGA에 적용하거나 칩으로 제작하기에 앞서 하드웨어와 소프트웨어를 통합하여 시뮬레이션 하는 것이 중요하다.

설계된 Core-A 기반 하드웨어와 이 하드웨어에서 수행할 프로그램을 준비하는 과정에 하드웨어와 소프트웨어가 연동하는데 문제가 없는 것인지 확인하기 위해 이들 둘을 동시에 실행해 볼 필요가 있다. 이 경우, 하드웨어는 Core-A 프로세서에서 실행되는 프로그램으로 기능을 점검하고, 소프트웨어는 Core-A를 포함한 하드웨어를 통해 기능을 점검하는 효과가 있다.

[그림 4]에 개념적인 통합 검증 환경의 구성을 보였다. Core-A를 포함한 하드웨어는 개발 보드 모델의 FPGA를 대신하여 동작하고, 컴파일 된 프로그램은 보드의 메모리 모델에 로딩하여, 전체를 HDL 시뮬레이터로 시뮬레이션한다.

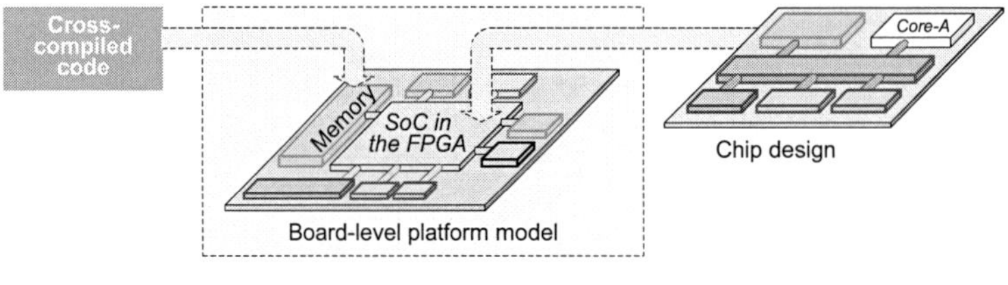

[그림 4] 보드 수준 시뮬레이션 환경

[그림 5]와 같이 매우 간단하지만 메모리와 입출력이 필요한 시스템을 설계한다고 가정한다. 그림의 왼쪽이 최종적으로 시스템이 사용될 모습인데, 이를 시뮬레이션 하기 위해 그림의 오른쪽과 같이 시스템을 구성하는 모든 것을 모델링하고 이것을 시뮬레이션하는 것을 보드 수준 시뮬레이션이라 한다.

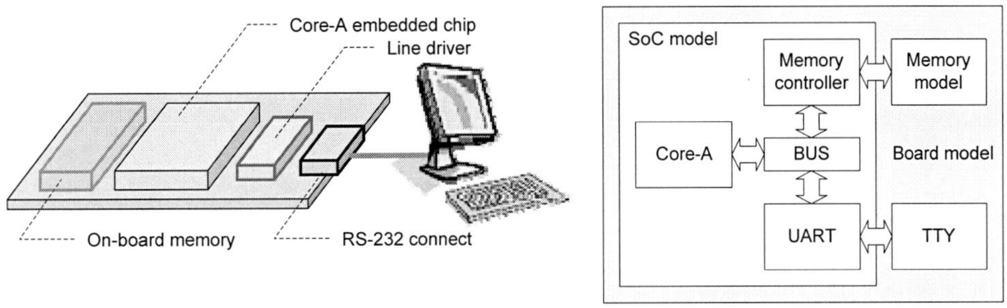

[그림 5] 보드 수준 시뮬레이션

SoC 모델이라 표시된 것은 사용자가 설계하는 것이므로 시뮬레이션 할 수 있고, 보드에 장착되는 메모리 소자는 해당 모델이 필요하며, 입출력을 위해 직렬 통신 기능을 모델링하여 사용한다. Core-A 프로세서가 수행할 프로그램은 Verilog의 경우, $readmemh() 시스템 태스크(system task)를 이용하여 메모리 모델에 로딩한다.

6 하드웨어 합성과 PnR

FPGA는 사용자가 다운로드하는 비트스트림(bitstream)에 따라 내부에 하드웨어를 구성하는데, FPGA는 종류에 따라 수용할 수 있는 설계의 크기가 다르고 내부를 구성하는 하드웨어의 구조도 다르기 때문에 사용할 FPGA 종류에 맞도록 준비하는 과정이 필요하다.

사용할 FPGA 하드웨어 라이브러리는 로직을 합성하는 과정에 적용하고, 합성 결과를 FPGA에서 지원하는 기능 블록과 자원에 맞춘 후, 최종적으로 비트스트림을 생성한다. 이 과정에 대한 상세한 내용은 다음 장에서 다룬다.

7 FPGA 프로토타이핑

FPGA용 비트스트림이 준비되면 [그림 6]에서와 같이 JTAG을 통해 다운로드하여 하드웨어를 구성하고, 디버거 포트를 통해 소프트웨어를 다운로드하고 디버깅한다. 개발 보드에서 응용 프로그램을 실행하는 과정에서 설계의 개선점이나 설계 오류가 생기면 이를 디버깅한다. 하드웨어의 오류를 찾는 방법으로 오실로스코프나

로직아날라이즈 또는 FPGA 전용 디버깅 소프트웨어를 사용한다. 소프트웨어 오류를 검출하는 방법은 원천 코드 디버거를 사용한다.

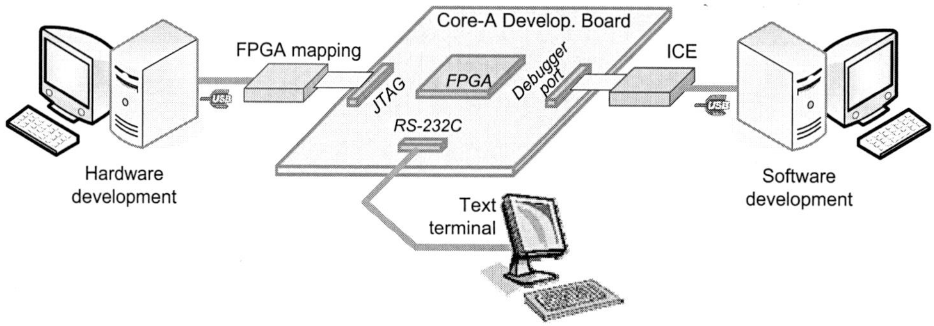

[그림 6] FPGA 프로토타이핑

8 HW와 SW 디버깅

하드웨어를 디버깅하기 위해서는 FPGA 내부와 Core-A 보드의 여러 신호들을 관측할 수 있어야 하며 이러한 목적으로 오실로스코프, 로직아날라이즈, FPGA 디버깅 패키지 등을 사용하며, 특히 FPGA 내부의 하드웨어를 디버깅 하기 위해 ChipScope를 주로 사용한다. 소프트웨어를 디버깅하기 위해 원천코드 디버거가 사용된다.

9 참고자료

[1] 박인철, Core-A Computer Architecture and Design, 홍릉과학출판사, 2009.10.

[2] 이종열, Core-A 프로그래머 가이드, 홍릉과학출판사, 2009.11.

[3] 기안도, Core-A 프로세서를 활용한 플랫폼 설계, 홍릉과학출판사, 2010.3.

[4] 기안도, 시스템 집적 반도체 설계검증 환경과 기법, 홍릉과학출판사, 2008.11.

2 FPGA 를 위한 하드웨어 준비[5]

Core-A 개발 보드의 FPGA에 하드웨어를 구성하는 방법과 과정을 소개한다.

1 FPGA 설계 과정

FPGA에 구현할 하드웨어를 준비하는 방법은 크게 회로도 수준 설계(schematic capture design)와 하드웨어 기술 언어 기반 설계(hardware description language based design)가 있고, 전자는 비교적 규모가 작고 단순한 하드웨어 설계에 적합하고, 후자는 규모가 크고 기능적으로 복잡한 설계에 주로 사용되는데, 최근의 경향은 후자인 Verilog[1]나 VHDL[2]을 이용한 설계가 주류를 이룬다.

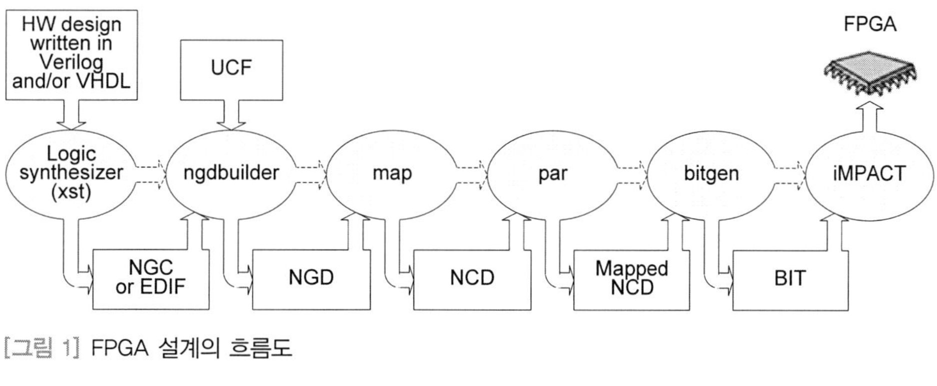

[그림 1] FPGA 설계의 흐름도

[그림 1]은 Xilinx FPGA[3]를 위한 일련의 설계 과정을 나타낸 것이다. 준비된 디지털 로직 설계는 특정 구현 기술에 맞추어 합성해야 하며, Xilinx FPGA의 경우 XST (Xilinx Synthesis Technology)[4]라는 합성기를 사용한다. 합성의 결과는 지정한 소자의 네트리스트(netlist)가 되고, 이것은 AND, OR, Flip Flop 등과 이들의 연

[5] FPGA design

결 정보인데 XST는 NGC(Native Generic Circuit)로 출력한다.

NGC 정보에 설계 의존적 제한 조건(UCF: User Constraints File)[5]을 반영하여 NGD(Native Generic Database)를 만든다. 이때 NGDBUILDER[6]프로그램을 사용하고 UCF는 핀 정보와 시간 정보 등으로 설계가 FPGA에서 지켜야 할 조건이다.

NGD 형식의 설계를 FPGA 내부자원인 CLB(Configurable Logic Block), IOB (Input/Output Block), BRAM(Block RAM) 등으로 맵핑한다. 이때 MAP[6] 프로그램을 사용하고, 결과로 NCD(Native Circuit Description)를 만든다.

NCD 형식의 결과를 실제 FPGA의 자원에 할당하고 각 LB(Logic Block)을 연결하여 새운 연결 정보가 추가된 NCD(Mapped NCD)를 만든다. 이때 PAR[6] 프로그램을 사용한다.

Mapped NCD를 BITGEN [6]프로그램이 FPGA에 다운로드 할 수 있는 비트스트림인 BIT 파일을 만든다. BIT 파일은 iMPACT[8] 프로그램으로 JTAG 포트를 통해 FPGA로 다운로드한다.

2 FPGA 합성

Xilinx FPGA을 위한 합성에는 XST 프로그램을 사용하며, 다음과 같이 실행한다. 여기서 '-ifn' 선택자로 지정한 'xst_option.txt'는 합성에 관련된 대부분의 정보가 저장된 파일이고, '-ofn' 선택자로 지정한 'xst.log'에는 합성의 과정에서 출력되는 정보가 저장된다.

```
xst -ifn xst_option.txt -ofn xst.log
```

다음은 XST 합성기의 '-ifn' 선택자로 지정한 'xst_option.txt'의 일례를 보인 것이다. '-top'으로 합성할 설계의 최상위 모듈을 지정하고, '-ifmt'로 설계 파일의 언어를 Verilog와 VHDL을 모두 지원하게 하고, '-p' 선택자로 FPGA의 종류를 지정하고, '-ifn'으로 추가적인 내용이 있는 파일을 지정하는 등 필요한 것들을 정한다. 보다 상세한 내용은 참고자료 [4]를 참조한다.

```
set  -tmpdir .
run
-ifmt                        MIXED
-top                         soc
-p                           xc3s1000-fg456-4
-ifn                         xst_list.txt
-vlgincdir                   ../../rtl/verilog
-ofn                         soc
-ofmt                        NGC
-opt_mode                    Speed
-opt_level                   1
-keep_hierarchy              Yes
-glob_opt                    AllClockNets
-write_timing_constraints No
-fsm_extract                 YES
-fsm_encoding                User
-mux_extract                 YES
-resource_sharing            YES
-rom_extract                 Yes
-ram_extract                 Yes
-ram_style                   Auto
-mux_style                   Auto
-decoder_extract             YES
-priority_extract            YES
-shreg_extract               YES
-shift_extract               YES
-xor_collapse                YES
-iobuf                       NO
-equivalent_register_removal YES
-bufg                        4
-max_fanout                  100
-register_duplication        YES
-register_balancing          No
-move_first_stage            YES
-move_last_stage             YES
-slice_packing               YES
-iob                         auto
```

다음은 'xst_option.txt' 파일에서 '-ifn'으로 지정한 'xst_list.txt' 파일의 일례이다.

```
verilog work ../../rtl/verilog/soc.v
verilog work ../../core/CoreA.one.v
```

3 FPGA 구현

Xilinx FPGA 설계 단계에서 합성 이후 Mapped NCD를 만드는 과정까지를 FPGA 구현이라 통칭하며, 이 과정에 NGDBUILDER, MAP, PAR 프로그램을 사용한다. 다음은 이들 과정의 일례이며, 상세한 내용은 참고자료 [6]을 참조한다.

```
ngdbuild -p xc3s1000-fg456-4 -uc fpga0.ucf -dd . fpga0 fpga0.ngd
map -p xc3s1000-fg456-4 -ol high -timing -o fpga0.ncd fpga0.ngd fpga0.pcf
par -ol high -w fpga0.ncd fpga0.ncd fpga0.pcf
```

다음은 UCF의 한 예를 보인 것으로 'SW_RST_N'이라는 신호선이 FPGA의 'E10' 핀과 연결되며 전기적인 특성은 3.3V LVCMOS인 IOB(Input Output Block)를 사용한다는 뜻이다. 보다 상세한 내용은 참고자료 [5]와 [7]을 참조한다.

```
NET "SW_RST_N" LOC=E10 | IOSTANDARD=LVCMOS33 | PULLUP;
```

4 FPGA 디바이스 프로그래밍

Core-A 개발 보드에 장착된 FPGA를 프로그래밍하는 방법에는 세 가지가 있다.

- BIT 파일을 Platform Cable을 이용하여 FPGA용 JTAG 포트를 통해 FPGA를 곧 바로 프로그램 한다.
- BIT 파일을 Platform Cable을 이용하여 Platform PROM용 JTAG 포트를 통해 Platform PROM을 프로그램 한 후, Platform PROM에서 FPGA를 프로그램 한다.
- EIF 파일을 iCON-USB를 통해 FPGA를 곧 바로 프로그램 한다.

4.1 Platform Cable을 이용하는 방법

합성하고 후처리 한 NCD 파일을 BITGEN 프로그램으로 BIT 파일을 생성한다. 다음은 BITGEN 프로그램을 이용하는 일례를 보인 것이다. '-f' 선택자로 지정하는 UT 파일을 통해 상세한 조정을 한다. BITGEN과 UT 파일에 대한 자세한 내용은 참고자료 [6]을 참조한다.

```
bitgen fpga0.ncd -d -b -w -f bitgen.ut
```

BIT 파일을 이용하여 FPGA를 프로그램하는 방법은 다음 두 가지가 있고 모두 iMPACT[8] 프로그램을 사용한다.

- FPGA에 바로 다운로드 하거나,
- PROM을 프로그램 한 후, 전원이 인가될 때 FPGA가 자동으로 PROM에서 프로그램 되게 한다.

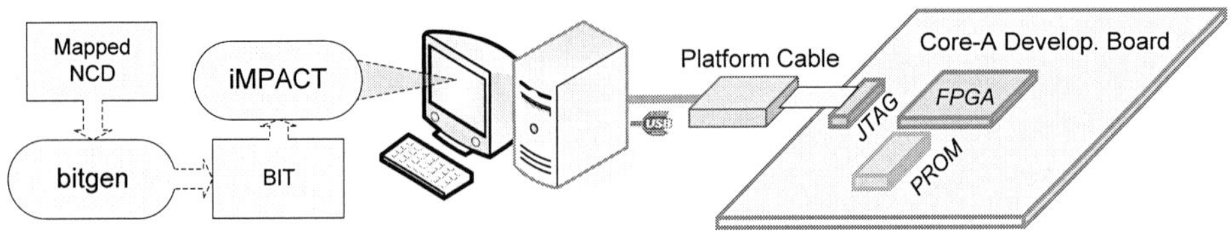

[그림 2] Platform Cable을 이용한 FPGA 프로그래밍

Core-A 개발 보드의 왼쪽 아래에 FPGA와 Platform PROM과 연결된 JTAG 포트가 두 종류 있다. 둘 모두 동일한 신호에 연결되어 있기 때문에 어느 쪽을 사용해도 된다. 하나는 0.1-inch 간격으로 된 6-핀 JTAG 포트이고 다른 하나는 2-mm 간격으로 된 17-핀 JTAG 포트이다. JTAG 포트를 사용할 때 주의해야 할 점으로, 보드에 전원이 인가 되기 전에 JTAG 포트에 관련 하드웨어를 연결해야 한다. 보드의 JTAG 포트 핀 이름은 FPGA에 구현되는 하드웨어와 동일하다. 따라서 TDO를 제외한 TCK, TMS, TDI는 FPGA로 입력되는 신호이다.

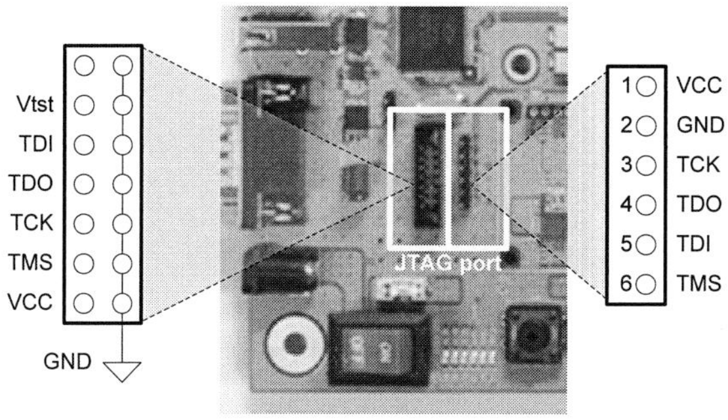

[그림 3] Core-A 개발 보드의 FPGA용 JTAG 포트

4.2 iCON-USB를 이용하는 방법

[그림 4]와 같이 Core-A 개발 보드에 iCON-USB를 장착하면, iNSPIRE에서 생성한 EIF 파일을 USB로 연결된 호스트 컴퓨터에서 다운로드하여 FPGA를 곧 바로 프로그램 할 수 있다.

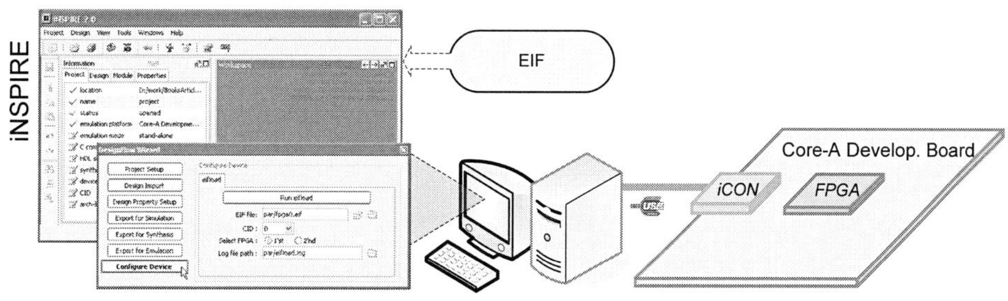

[그림 4] iCON-USB를 이용한 FPGA 프로그래밍

5 FPGA 디버깅

하드웨어 설계 과정에서 HDL 시뮬레이터로 기능 검증을 한 경우라도 해당 하드웨어가 FPGA에서 동작할 때 예상하지 못한 오동작을 할 수 있는데, 이런 경우 FPGA 내부에서 어떤 일이 진행되었는지 확인할 수 있어야 한다. 이러한 목적으로 일종의 로직아날라이즈 기능을 FPGA 내부에 구현하여 하드웨어를 디버깅 할 수 있다. 대표적인 방법으로 다음 세가지가 있다.

- 관측할 필요가 있는 네트(net)를 FPGA 외부핀으로 연결(routing)하고, 이 곳에 로직 아날라이즈를 연결하여 디버깅한다.
- 다이나릿시스템 사의 iNSPIRE[9]에서 지원하는 BILA(Built-In Logic Analyzer) 기능을 이용하여 디버깅한다.
- Xilinx 사의 ChipScope[10] 패키지를 이용하여 디버깅 한다.

[그림 5]에 ChipScope의 개념적인 동작 원리를 보였다. FPGA 내부의 사용자 설계에 더하여 ILA(Integrated Logic Analyzer)를 추가하고 이들을 ICON(Integrated Controller)을 통해 ChipScope 소프트웨어와 연동한다. ILA는 일종의 로직아날라이즈이고, ICON은 JTAG 포트와 인터페이스 한다.

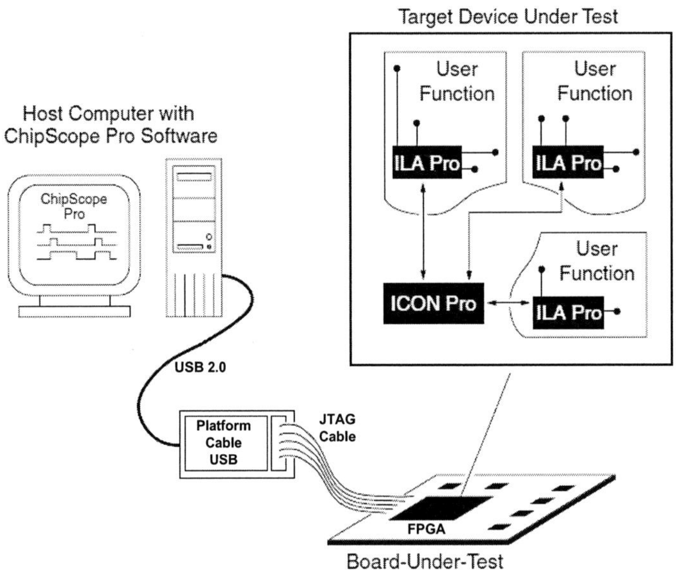

[그림 5] ChipScope 동작 개념도 (참고자료[10]에서 인용)

FPGA에 ChipScope를 위한 하드웨어를 추가하는 과정은 [그림 6]에 정리하였다. FPGA에 구현할 하드웨어가 NGC로 준비되면, 이것에 INSERTER 프로그램으로 ILA와 ICON을 추가한 후, 변경된 NGC를 다시 구현한 후, 최종적으로 FPGA에 다운로드 할 BIT 파일을 준비한다. ChipScope 기능이 추가된 설계가 FPGA에 다운로드 된 후, ChipScope ANALYZER 프로그램으로 신호파형을 분석한다.

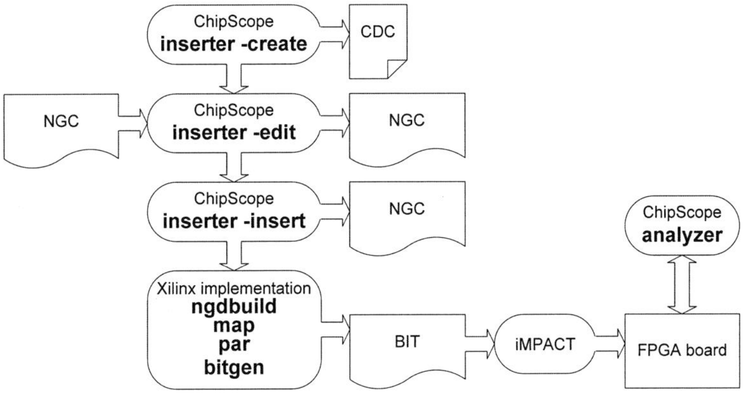

[그림 6] ChipScope 설계 흐름도

6 참고자료

[1] IEEE Standard Verilog Hardware Description Language, IEEE Computer Society, IEEE Std. 1364-2001.

[2] IEEE Standard VHDL Language Reference Manual, IEEE Computer Society, IEEE Std. 1076-2002.

[3] Spartan-3 Platform FPGA Handbook, Xilinx, July 11, 2003.

[4] XST User Guide, UG627 (v 11.3), Xilinx, September 16, 2009.

[5] Constraints Guide, UG625 (v 11.4), Xilinx, December 2, 2009.

[6] Command Line Tools User Guide (Formerly the Development System Reference Guide), UG628 (v 11.4), Xilinx, December 2, 2009.

[7] Timing Constraints User Guide, UG612 (v 11.1.1), Xilinx, April 29, 2009.

[8] iMPACT User Guide, 4.1, Xilinx.

[9] iNSPIRE User Manual, Dynalith Systems.

[10] ChipScope Pro 11.4 Software and Cores User Guide, UG029 (v11.4), Xilinx, December 2, 2009.

3 Core-A 소프트웨어 디버깅[6]

Core-A 개발 보드를 활용하여 소프트웨어를 개발하는 전반적인 환경과 방법에 대해 소개한다.

1 소프트웨어 디버깅 환경

내장형 시스템 또는 시스템 반도체의 일반적인 디버깅 환경은 순수한 소프트웨어적인 방법과 하드웨어 디버거 유니트를 이용하는 방법이 있고, 후자를 [그림 1]에 그리고 전자를 [그림 2]에 정리하였다.

하드웨어 디버깅 유니트(OCD: On-Chip Debugger Unit)가 프로세서와 시스템 버스와 연동하여 소프트웨어 디버거 프로그램(source-level debugger)에서 요구하는 다양한 디버깅 요청을 처리한다. 소프트웨어 개발 환경에서는 사용자의 응용 프로그램을 크로스 컴파일러로 컴파일하고, 그 결과(executable code)를 프로세서가 수행할 수 있도록 하드웨어 메모리에 다운로드 한 후, 원천코드 디버거(source-level debugger) 프로그램으로 다양한 디버깅 기능을 수행한다. 하드웨어인 OCD와 소프트웨어인 디버거(debugger)를 연결하기 위해 디버거 서버(debugger server)와 ICE (In-Circuit Emulator)가 사용된다.

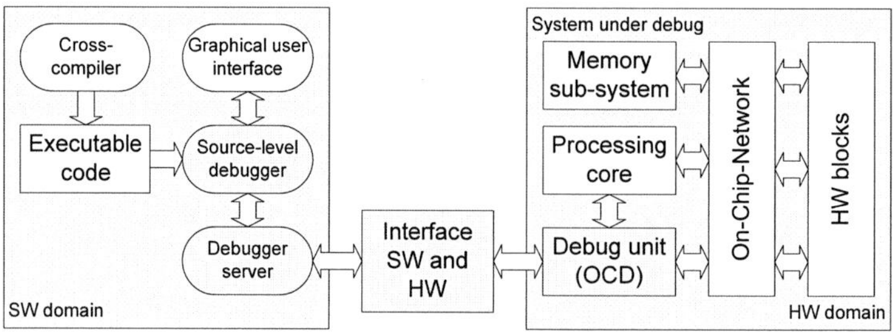

[그림 1] 하드웨어 디버거 유니트를 이용한 소프트웨어 디버깅 환경의 개념도

[6] Core-A software debugging

[그림 1]의 주요 기능 블록들은 다음과 같다.

- **Cross-compiler:** 프로세서에 특화된 컴파일러로써 해당 프로세서에서 수행할 사용자의 프로그램을 컴파일한다. Core-A의 경우, Core-A GCC와 AS가 된다.
- **GUI(Graphical user interface):** 원천 코드 디버거를 보다 용이하게 사용할 수 있도록 그래픽 기반 사용자 인터페이스를 제공하는 프로그램이다. DDD(Data Display Debugger), Insight, Eclipse embedded 등이 있다.
- **Source-level debugger:** 사용자 프로그램을 원천 코드 수준에서 디버깅할 수 있도록 하는 프로그램이다. Core-A의 경우, Core-A GDB가 된다.
- **Debugger server:** 원천 코드 디버거와 하드웨어 디버거를 연동하기 위해 상호 인터페이스를 담당하는 프로그램이다.
- **Interface SW and HW:** 소프트웨어 개발 환경이 다양한 플랫폼일 수 있고, OCD의 하드웨어 인터페이스가 JTAG(Joint Test Action Group) 또는 SPI(Serial Peripheral Bus) 등 다양할 수 있으므로 이들을 연동하기 위한 플랫폼 의존적 디바이스 드라이버와 인터페이스 하드웨어를 통칭한다.
- **Debug unit:** 프로세서와 시스템에 특화된 디버깅 하드웨어이다.

[그림 2]는 디버거 서버 프로그램을 타겟 하드웨어에서 실행시키고, 이 서버 프로그램과 호스트 컴퓨터의 디버거를 연동하는 환경을 나타낸 것이다. 이때 RS-232와 같은 직렬통신 또는 Ethernet 등을 활용한다.

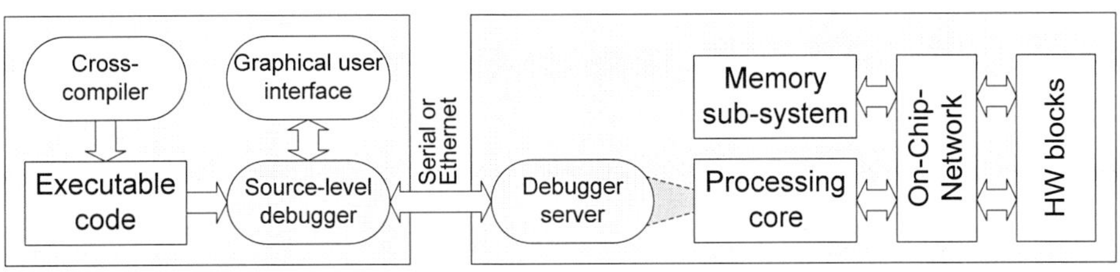

[그림 2] 디버거 서버를 내장한 경우의 디버깅 환경

2 Core-A 개발 보드의 소프트웨어 디버깅 환경

[그림 3]에 Core-A 개발 보드의 디버깅 환경을 나타내었다. OpenJTAG[10]은 원천 코드 디버거와 디버거 유니트를 연동하도록 USB와 디버거 포트를 연결하는 통

신 채널을 제공한다. 사용자의 응용 프로그램을 Core-A 크로스 컴파일러로 컴파일하여 ELF(Executable and Linking Format) 형식의 실행 파일을 만든다. ELF를 Core-A GDB가 읽어서 Core-A 프로세서가 실행하는데 필요한 정보를 Core-A 개발 보드의 메모리 다운로드 후, 프로그램을 원천 코드 수준에서 디버깅한다.

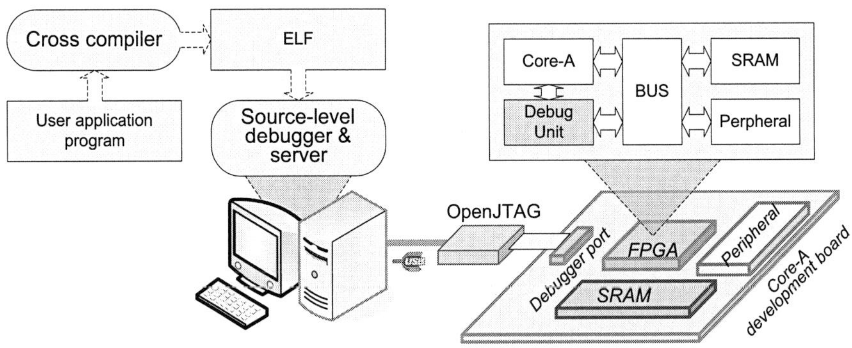

[그림 3] Core-A 개발 보드의 소프트웨어 디버깅 환경

2.1 Core-A 개발 보드의 디버거 포트

[그림 4]에 Core-A 개발 보드의 중간 위쪽에 있는 디버거 전용 포트를 정리하였다. 그림에서는 JTAG을 가정한 것이고, 괄호안의 신호는 SPI를 가정한 경우이다.

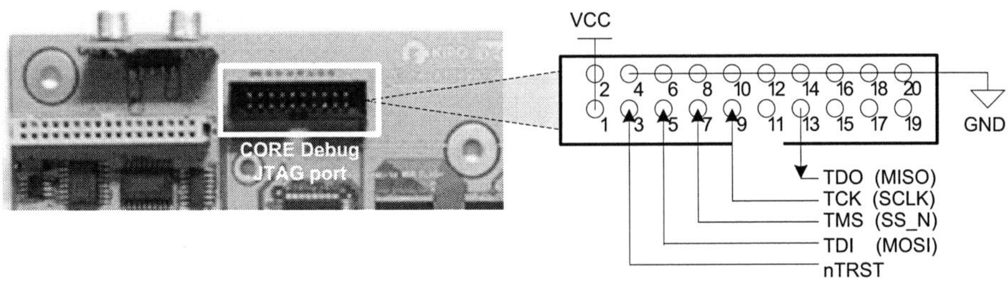

[그림 4] Core-A 개발 보드의 디버거 포트

2.2 GDB 활용 방법

Core-A 개발 보드에 하드웨어를 구성하고, 디버거 포트에 OpenJTAG을 연결한 후, 다음과 같이 시작한다. 다음에서 'prompt%'는 호스트 컴퓨터의 프롬터이고, '(gdb)'는 디버거의 프롬터이다. GDB Server를 실행하는 데, GDB와 통신할 TCP socket 포트 번호를 '-p' 선택자로 지정한다. 이어서 GDB를 실행한다. GDB에서는 'target remote :9999'를 입력하여 GDB Server와 연결하는데 이때 사용한 '9999'는 앞서 GDB Server를 실행할 때 지정한 TCP socket 포트 번호가 된다. 이후는 일반적인 GDB 사용법을 따른다. 보다 상세한 내용은 참고자료 [11]과 [12]를 참조한다.

```
1. prompt% corea-gdb-server -p 9999 &
2. prompt% corea-elf-gdb
3. (gdb) file test.elf
4. (gdb) target remote localhost:9999
5. (gdb) load test.elf
6. (gdb) breakpoint main
7. (gdb) run
8. (gdb) list
9. (gdb) step
10.(gdb) print var
```

```
1. prompt% corea-gdb-server -p 9999 &
2. prompt% corea-elf-gdb test.elf
3. (gdb) target remote :9999
4. (gdb) load
5. (gdb) breakpoint main
6. (gdb) run
7. (gdb) list
8. (gdb) step
9. (gdb) print var
```

3 참고자료

[1] 이종열, Core-A 프로그래머 가이드, 홍릉과학출판사, 2009.11.

[2] Eclipse IDE, www.Eclipse.org.

[3] Debugging with DDD, Free Software Foundation, 2004.

[4] GDB for Core-A, Dynalith Systems, 2010.

[5] Debugging with GDB: the GNU source-level debugger, Free Software Foundation, 2010.

[6] IEEE Standard Test Access Port and Boundary-Scan Architecture, IEEE Std 1149.1-2001.

[7] Serial Peripheral Interface Bus, Wikipedia.

[8] 기안도, 시스템 집적 반도체 설계검증 환경과 기법, 홍릉과학출판사, 2008.11.

[9] 기안도, Core-A 프로세서를 활용한 플랫폼 설계, 홍릉과학출판사, 2010.3.

[10] OpenJTAG User Manual, Dynalith Systems.

[11] GDB for Core-A, Application Note DS-AN-2010-08-004, Dynalith Systems.

[12] CoreIDEA 소프트웨어 패키지 튜토리얼, Application Note DS-AN-2010-07-003, Dynalith Systems.

4 NOR-FLASH 프로그래밍[7]

Core-A 개발 보드에 장착된 NOR-FLASH를 활용하는 방법에 대해 소개한다.

1 Core-A 개발 보드의 NOR-FLASH

Core-A 개발 보드의 중앙 상단에 32-비트 데이터 버스를 갖는 NOR-FLASH가 있고, 저장된 데이터를 보호하기 위한 점퍼가 있다. 점퍼를 왼쪽으로 옮기면 NOR-FLASH를 지우거나 쓰기가 가능하지만, 오른쪽으로 설정하면 읽기만이 가능하다. NOR-FLASH는 읽기와 쓰기가 보통의 RAM이나 ROM과는 다르기 때문에 특별한 기능의 하드웨어 제어기를 통해 인터페이스 된다[1].

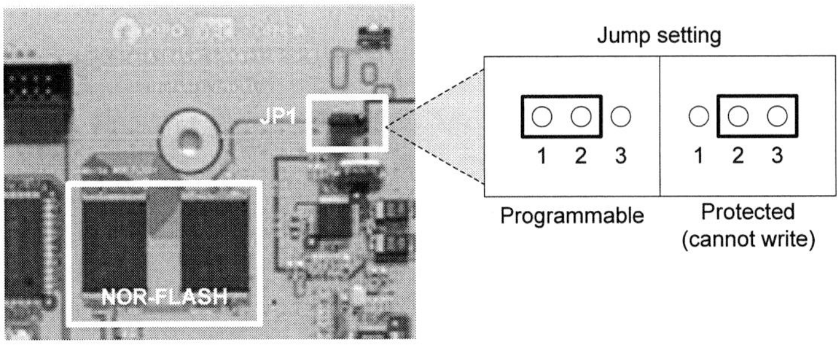

[그림 1] Core-A 개발 보드의 NOR-FLASH

[7] NOR-FLASH Programming

2 NOR-FLASH 프로그래밍

Core-A 개발 보드의 FPGA에 연결된 NOR-FLASH에 새로운 내용을 쓰는 방법으로 다음 세 가지가 가능하다.

- 다이나릿시스템의 iFLASH 프로그램을 이용하여 iCON-USB를 통해 NOR-FLASH를 프로그램 한다.
- FPGA에 Core-A를 이용한 간단한 하드웨어를 구성한 후, 직렬 포트와 같은 통신 채널을 통해 NOR-FLASH를 프로그램 한다.
- FPGA에 Core-A를 이용한 하드웨어를 구성한 후, 디버거 포트를 통해 NOR-FLASH를 프로그램 한다.

2.1 iFLASH와 iCON-USB 이용하는 방법

iFLASH는 iCON-USB를 통해 Core-A 개발 보드의 FPGA에 NOR-FLASH를 프로그램하는데 필요한 하드웨어를 구성한 후, ELF 또는 BIN 파일을 입력으로 받아 NOR-FLASH를 프로그램 한다. 상세한 사용 방법은 참고자료 [2]를 참조한다.

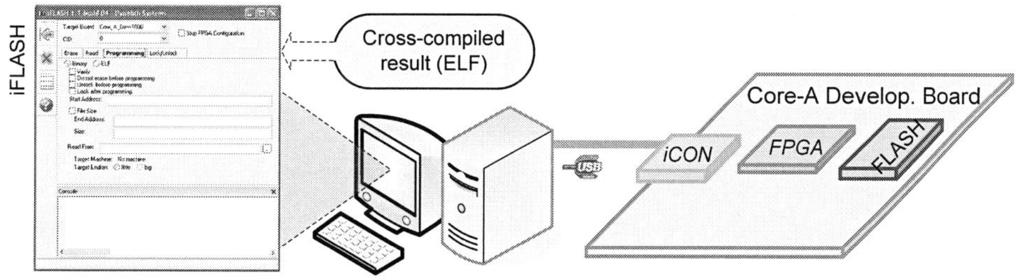

[그림 2] iFLASH와 iCON-USB 이용하는 구성

2.2 직렬 통신 채널을 이용하는 방법

Core-A 개발 보드의 FPGA에 Core-A와 NOR-FLASH 제어기를 포함한 하드웨어를 Platform Cable을 통해 다운로드하여 구성하고, 이 하드웨어에 간단한 모니터 프로그램(monitor program)을 수행한다. 모니터 프로그램은 직렬 통신 채널을 통해 NOR-FLASH에 쓸 데이터를 받아 NOR-FLASH를 프로그램 한다. 상세한 사용 방법은 참고자료 [3]을 참조한다.

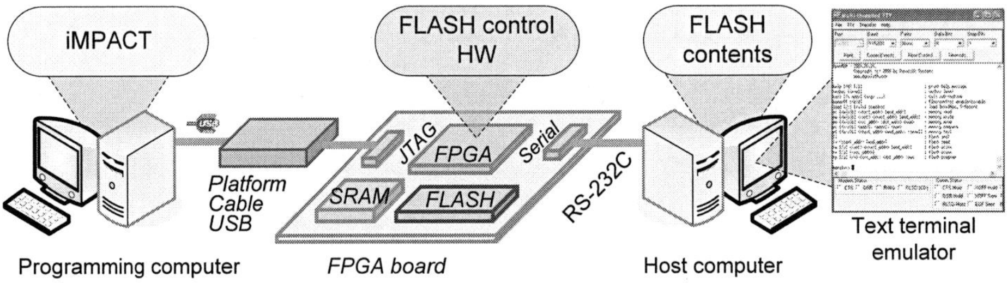

[그림 3] 직렬 통신 채널을 이용하는 구성

2.3 소프트웨어 디버거용 채널을 이용하는 방법

Core-A 개발 보드의 FPGA에 Core-A를 포함한 하드웨어가 구성되고, 여기에 수행되는 소프트웨어를 디버깅 하는 환경이 있는 경우, 이 디버깅 채널을 통해 NOR-FLASH 제어기 하드웨어를 통해 프로그램 한다. Core-A OCD는 시스템 버스와 연동되며 이 채널을 통해 시스템 버스에 연결된 NOR-FLASH를 프로그램하는 것으로 상세한 사용방법은 참고자료 [4]를 참조한다.

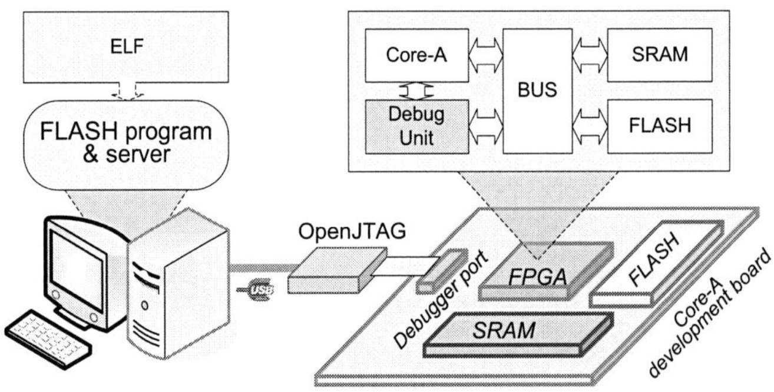

[그림 4] 소프트웨어 디버거용 채널을 이용하는 구성

3 참고자료

[1] 기안도, 시스템 집적 반도체 설계검증 환경과 기법, 제11장 NOR FLASH 제어기 검증, 홍릉과학출판사, 2008.11.

[2] 기안도, Core-A 프로세서를 활용한 플랫폼 설계, 부록 4: iCON-USB/iFLASH를 이용한 FLASH 프로그램, 홍릉과학출판사, 2010.3.

[3] 기안도, Core-A 프로세서를 활용한 플랫폼 설계, 부록 5: 직렬포트를 이용한 FLASH 프로그램, 홍릉과학출판사, 2010.3.

[4] OCD Flash 사용자 가이드, Application Note DS-AN-2010-07-004, Dynalith Systems.

제 II 부

Core-A 개발 보드

제1장 | Core-A 개발 보드
제2장 | 전원, 클럭, 초기화, LED, 스위치
제3장 | FPGA
제4장 | SRAM
제5장 | FLASH
제6장 | SD Card
제7장 | SDRAM
제8장 | Audio CODEC
제9장 | Video DAC
제10장 | Character LCD
제11장 | Serial
제12장 | Ethernet
제13장 | USB Controller
제14장 | PS/2 Keyboard and Mouse
제15장 | DAC and ADC
제16장 | IrDA Transceiver
제17장 | Ultrasonic Sensor
제18장 | GPIO와 추가 보드 연결 콘넥터

1 Core–A 개발 보드[1]

Core–A를 활용한 시스템 개발을 위한 보드에 대해 상세하게 살펴본다.

1 Core–A 개발 보드

Core-A 개발 보드는 [그림 1]에 보인 바와 같이 FPGA, 메모리, 주변장치, 추가 보드로 구성되며, Core-A를 활용한 설계를 FPGA에 프로그램하여 전체 시스템을 프로토타이핑 할 수 있다. 개발 보드는 그 구성과 활용 목적에 따라 두 가지로 구분된다. 하나는 교육용 버전(Core-A DB-EK)이고 다른 하나는 연구개발용 버전(Core-A DB-RK)이다. 연구개발용 버전에는 교육용 버전 보다 용량이 크고 몇 가지 주변 장치가 추가로 지원된다.

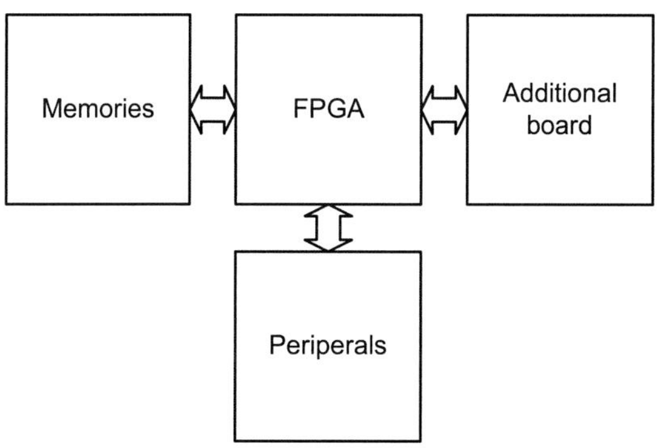

[그림 1] Core–A 개발 보드의 개념적 구성

[1] Core-A system development board

2 Core-A 개발 보드: FPGA 보드

개발 보드는 크게 FPGA와 주변블록으로 구분되며, 주변블록은 그 기능에 따라 메모리, 영상, 음향, 직렬통신, 네트웍, USB, 아날로그, 센서, 스위치, GPIO, JTAG, iCON-USB 등으로 구분된다. FPGA는 사용자의 설계를 필요에 따라 변경하여 적용할 수 있고, 이때 FPGA용 JTAG 포트를 이용하여 설계 데이터를 다운로드하며, 이 과정에 Platform Cable USB가 필요하다. 메모리에는 SRAM과 SDRAM 그리고 NOR-Flash가 보드에 장착되어 있고, NAND-Flash는 SD-Card 소켓을 통해 지원된다. 영상 출력은 DAC(Digital to Analog Converter)를 통해 일반적인 모니터 콘넥터를 지원하며, 추가적으로 TFT-LCD와 이미지 센서를 장착하여 활용할 수 있다. 음향 출력은 AC'97 코덱을 통해 헤드폰과 마이크를 지원하고 문자출력용 LCD가 지원된다. 직렬통신을 위해 RS-232C와 USB가 지원되며, 네트웍과의 연동을 위해 이더넷이 지원된다. 아날로그 입출력을 위해 ADC와 DAC가 있고, 적외선 및 초음파 센서가 지원된다. JTAG 포트는 두 개가 있는데 이 중 하나는 FGPA 프로그램용이고 다른 하나는 Core-A용 ICE 연결에 사용되며 iCON-USB 보드를 위한 콘넥터가 지원된다.

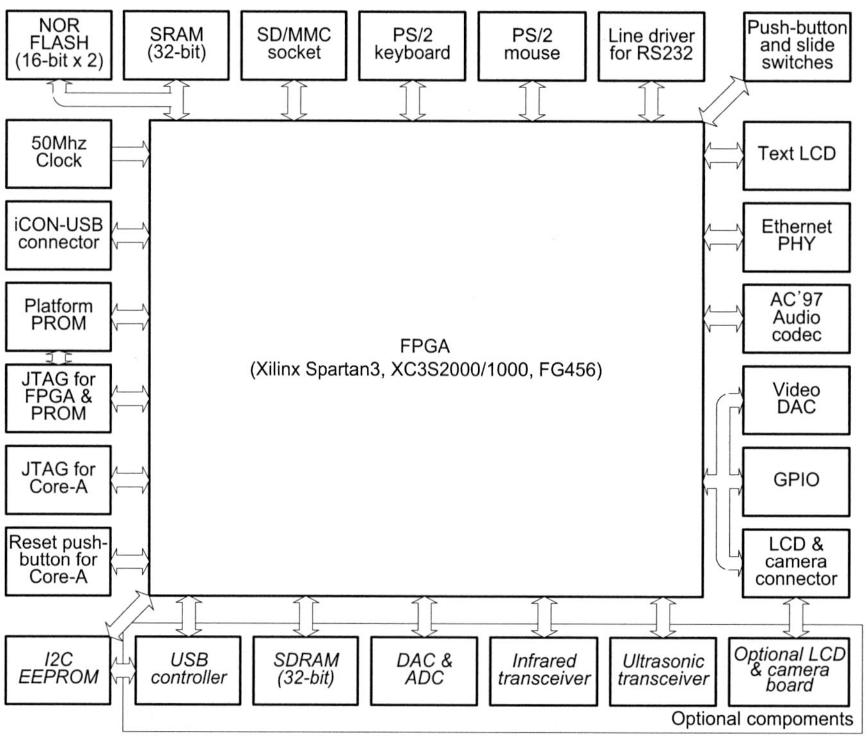

[그림 2] Core-A 개발 보드의 블록도

2.1 Top view

[그림 3]은 Core-A 개발 보드를 위에서 내려다 본 것이다. 번호 ②로 표시된 두 콘넥터는 iCON-USB가 장착되는 곳이며, 번호 ⑰로 표시된 두 콘넥터는 추가 보드를 장착하는 곳이다. 번호 ⑦로 표시된 점퍼는 번호 ⑧로 표시된 I2C EEPROM을 프로그램 할 때 사용하고, 번호 ⑥번으로 표시된 점퍼는 번호 ⑪로 표시된 FLASH를 프로그램 할 때 사용하며, 번호 ㉘로 표시된 점퍼는 직렬 통신 채널의 입출력 핀을 선택할 때 사용한다.

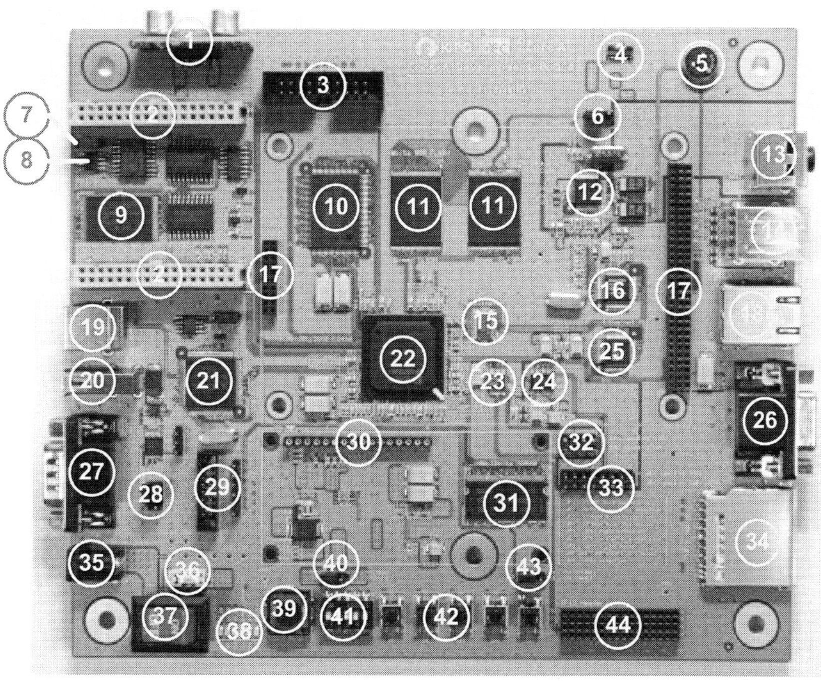

num	name	remarks	num	name	remarks
1	Ultrasonic		11	FLASH	
2	iCON-USB	connect	12	AC97 Codec	Audio
3	JTAG port	Core-A	13	Audio jack	Audio
4	IrDA		14	PS/2	
5	Microphone		15	Oscillator	
6	Jumper	FLASH	16	PHY	Ethernet
7	Jumper	EEPROM	17	Connector	TFT-LCD
8	EEPROM	Board info.	18	Ethernet Jack	Ethernet
9	Platform PROM		19	USB socket	
10	SRAM		20	USB socket	

num	name	remarks	num	name	remarks
21	USB controller		33	ADC pins	
22	FPGA		34	SD Card socket	
23	DAC		35	Power jack	+5V DC
24	ADC		36	Fuse	
25	Video DAC	Video	37	Power switch	
26	Video connector		38	LED	
27	Serial connector	RS-232	39	Reset switch	
28	Jumper	Serial	40	Core voltage jumper	
29	JTAG port	FPGA	41	Slide switch	
30	Text LCD connector		42	Push switch	
31	SDRAM		43	JTAG jumper	JTAG
32	DAC pins		44	GPIO connector	

[그림 3] Core-A 보드의 부품 배치

2.2 Side view A

[그림 4]는 Core-A 보드를 옆에서 보았을 때 사용할 수 있는 여러 콘넥터를 보인 것이다.

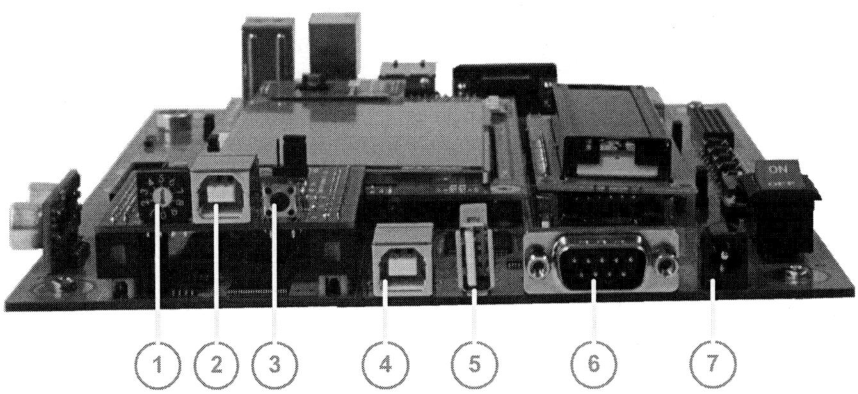

num	name	remarks	num	name	remarks
1	CID	iCON-USB	5	USB socket	
2	USB socket	iCON-USB	6	Serial socket	RS232C
3	Reset switch	iCON-USB	7	Power jack	+5V DC
4	USB socket				

[그림 4] Core-A 보드 주변의 콘넥터1

2.3 Side view B

[그림 5]는 Core-A 보드를 옆에서 보았을 때 사용할 수 있는 여러 콘넥터를 보인 것이다.

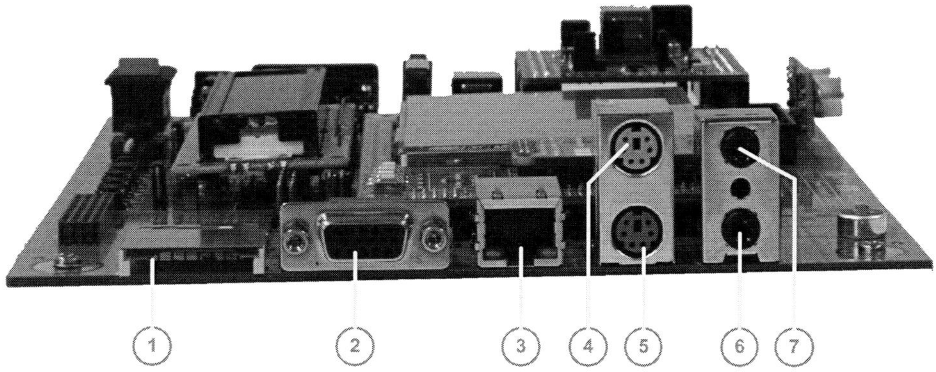

num	name	remarks	num	name	remarks
1	SD Card socket		5	PS/2 keyboard	
2	Video socket		6	Mic in jack	
3	Ethernet socket		7	Headphone jack	
4	PS/2 mouse				

[그림 5] Core-A 보드 주변의 콘넥터2

[표 1] Core-A 개발 보드의 규격

구분	부품	규격	기타
FPGA	Xilinx Spartan-3	1Million gate	교육용 버전
		2Million gate	연구개발용 버전
Memory	SRAM	2Mbyte (32bitx1)	공통
	SDRAM	16MByte (32bitx1)	연구개발용 버전
	NOR-FLASH	8Mbyte (16bitx2)	공통
	NAND-FLASH	SD/MMC socket	공통
Video	Video-DAC	D-sub 15 female	공통
	TFT-LCD	320x240/3.5"	연구개발용 버전
	ISM	1.3M, 1280x1024	연구개발용 버전
Audio	AC' 97 Codec	Microphone jack	공통
		Headphone jack	공통
		Microphone	연구개발용 버전
Text LCD	Text LCD	16-char/2-line	공통
Serial	Line driver	D-Sub 9 female	공통
	Keyboard	PS/2 connector	공통
	Mouse	PS/2 connector	공통

구분	부품	규격	기타
Network	Ethernet PHY	10/100BASE-T RJ-45	공통
USB	USB 2.0	Host	연구개발용 버전
		Peripheral	연구개발용 버전
Analog	DAC	Quad 12-bit	연구개발용 버전
	ADC	8-Channel, 12-bit, 1MSPS	연구개발용 버전
Sensor	IR Transceiver	IrDA	연구개발용 버전
	Ultrasonic		연구개발용 버전
Switch	Pushbutton	5	공통
GPIO	GPIO	32-pin	공통
JTAG	FPGA	FPGA configuration	공통
	Core-A	Core-A ICE	공통
iCON-USB	iCON-USB	iCON connector	선택사양

3 참고자료

[1] 다이나릿시스템, Core-A 개발 보드 사용자 매뉴얼, 2009.

2 전원, 클럭, 초기화, LED, 스위치

Core-A 개발 보드에 있는 전원과 클럭과 초기화 그리고 스위치에 대해 상세하게 살펴본다.

1 전원

Core-A 개발 보드는 직류 5V를 입력으로 받아 주 전원으로 사용하며, 보드에 있는 소자들이 필요로 하는 +3.3V, +2.5V, +1.2V를 생성하여 사용한다.

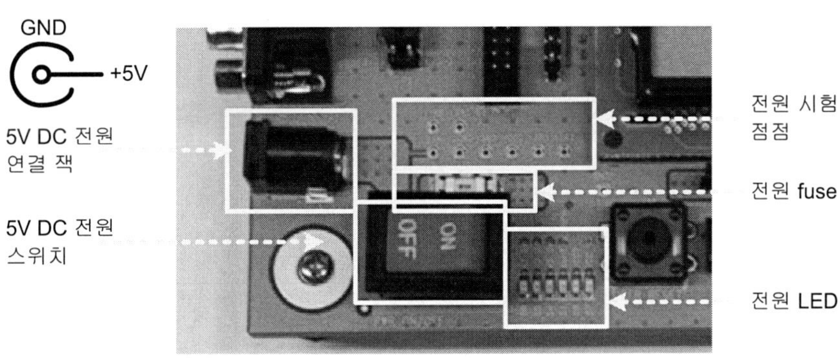

[그림 1] Core-A 개발 보드 전원

2 클럭

Core-A 개발 보드에는 두 개의 클럭이 지원된다. 하나는 보드에 실장된 클럭 생성기로부터 FPGA로 입력되는 50Mhz 클럭이고, 다른 하나는 iCON-USB 보드를 장착했을 때 FPGA로 입력되는 48Mhz 클럭이다.

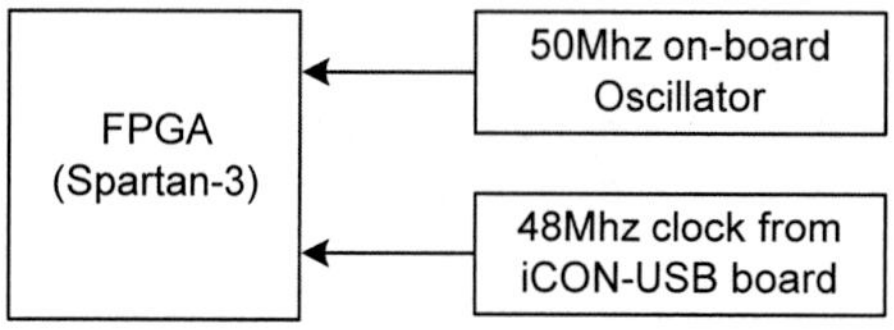

[그림 2] 클럭 연결도

[표 1] FPGA-클럭 핀 연결

Signal name	Width	Direction	FPGA pin	Remarks
SYS_CLKi	1	In	AB12	48Mhz
OSC_CLKi	1	In	Y11	50Mhz

3 초기화

Core-A 개발 보드에는 초기화용으로 활용할 수 있는 신호가 두 가지 있다. 하나는 iCON-USB를 통해 FPGA로 연결되는 신호이며, 다른 하나는 누름 스위치와 FPGA 상태에 따라 연동되는 신호이다. 후자는 다음 절에서 설명한다.

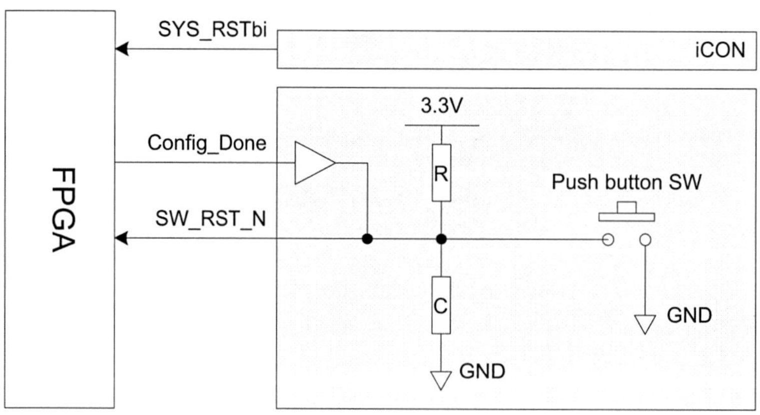

[그림 3] 초기화 신호

[표 2] FPGA-클럭 핀 연결

Signal name	Width	Direction	FPGA pin	Remarks
SYS_RSTbi	1	In	L22	pulled-up
SW_RST_N	1	In	E10	pulled-up

4 LED

Core-A 개발 보드의 왼쪽 아래에 전원과 FPGA 상태를 나타내는 LED가 있다. 이중 오른쪽에서 세 번째 LED가 FPGA의 상태를 표시한다.

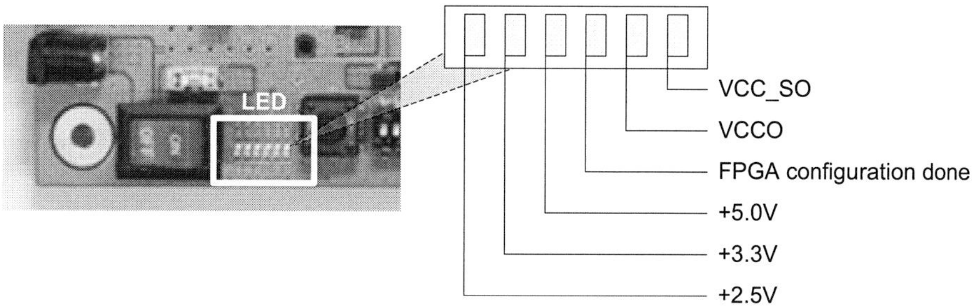

[그림 4] Core–A 개발 보드의 상태 표시 LED

5 스위치

Core-A 개발 보드에는 시스템 초기화 용으로 독립된 누름 스위치가 있고, 다섯 개의 누름 스위치와 다섯 개의 슬라이드 스위치가 있다. 누름 스위치와 슬라이드 스위치는 연결되어 있다.

[그림 5] Core–A 개발 보드의 스위치들

[그림 5]와 같이 Core-A 개발 보드에 준비된 스위치는 [그림 6]과 같이 FPGA에 연결되어 있다. 총 5개의 누름 스위치(push button switch)와 슬라이드 스위치는 같이 연결되어 있고, 슬라이드 스위치의 상태에 따라 고정 값이 결정된다. 보통의 경우, 슬라이드 스위치를 off 상태로하여 기본 값이 높은 전압이 되게 하고, 누름 스위치가 눌린 경우 낮은 전압이 되게 한다.

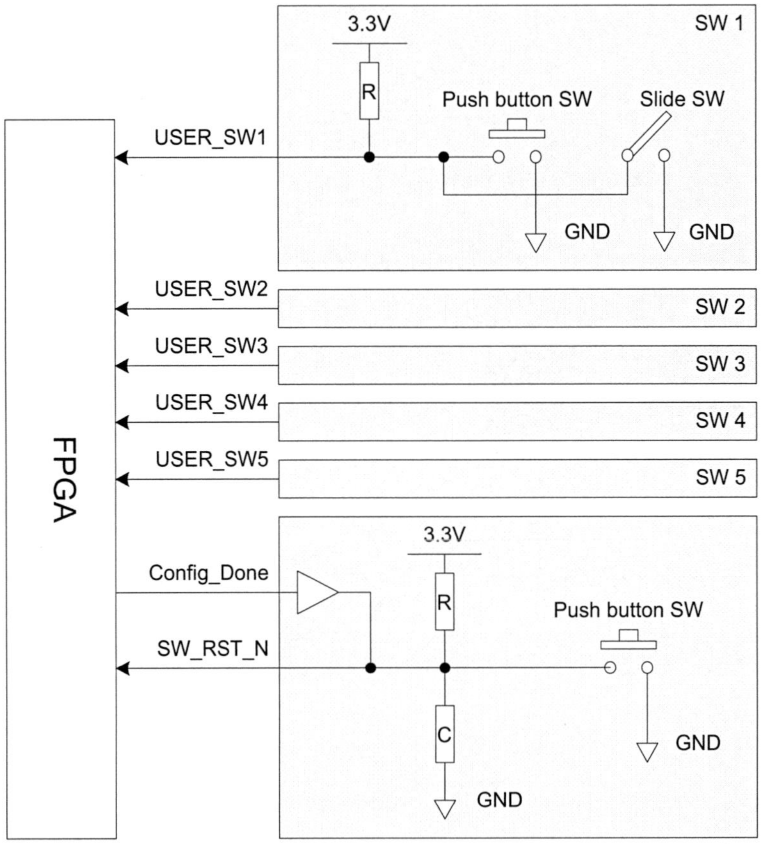

[그림 6] FPGA와 스위치들의 연결

[그림 6]에서 시스템 초기화 용으로 준비한 누름 스위치는 FPGA가 프로그래밍 되었는지 알리는 신호인 'Config_Done'과 연동이 된다. 즉, FPGA가 초기화 되지 않는 상태에서는 'Config_Done'이 낮은 전압을 유지할 것이므로 누름 스위치에 무관하게 'SW_RST_N'은 낮은 전압 값이 된다.

[표 3] FPGA-스위치 핀 연결

Signal name	Width	Direction	FPGA pin	Remarks
SW_RST_N	1	In	E10	pulled-up
USER_SW1	1	In	C20	pulled-up
USER_SW2	1	In	C21	pulled-up
USER_SW3	1	In	V4	pulled-up
USER_SW4	1	In	U3	pulled-up
USER_SW5	1	In	A19	pulled-up

6 UCF

```
NET SYS_CLKi LOC=AB12 | IOSTANDARD=LVCMOS33 ; # in
NET OSC_CLKi LOC=Y11  | IOSTANDARD=LVCMOS33 ; # in

NET SYS_RSTbi LOC=L22 | IOSTANDARD=LVCMOS33 ; # in
NET SW_RST_N LOC=E10  | IOSTANDARD=LVCMOS33 ; # in

NET USER_SW1 LOC=C20 | IOSTANDARD=LVCMOS33 ; # in
NET USER_SW2 LOC=C21 | IOSTANDARD=LVCMOS33 ; # in
NET USER_SW3 LOC=V4  | IOSTANDARD=LVCMOS33 ; # in
NET USER_SW4 LOC=U3  | IOSTANDARD=LVCMOS33 ; # in
NET USER_SW5 LOC=A19 | IOSTANDARD=LVCMOS33 ; # in

NET CORE_NTRST LOC=D22 | IOSTANDARD=LVCMOS33 ; # in
NET CORE_TCK  LOC=AA12 | IOSTANDARD=LVCMOS33 ; # in
NET CORE_TDI  LOC=C22  | IOSTANDARD=LVCMOS33 ; # in
NET CORE_TDO  LOC=D21  | IOSTANDARD=LVCMOS33 ; # out
NET CORE_TMS  LOC=D19  | IOSTANDARD=LVCMOS33 ; # in
```

7 참고자료

[1] 다이나릿시스템, Core-A 개발 보드 사용자 매뉴얼, Dynalith Systems, 2009.

3 FPGA[2]

Core–A 개발 보드에 있는 FPGA 블록에 대해 상세하게 살펴본다.

1 Core–A 개발 보드의 FPGA

Core-A 개발 보드는 [그림 1]과 같이 FPGA 주변에 다양한 메모리와 주변장치들이 연결되어 있다.

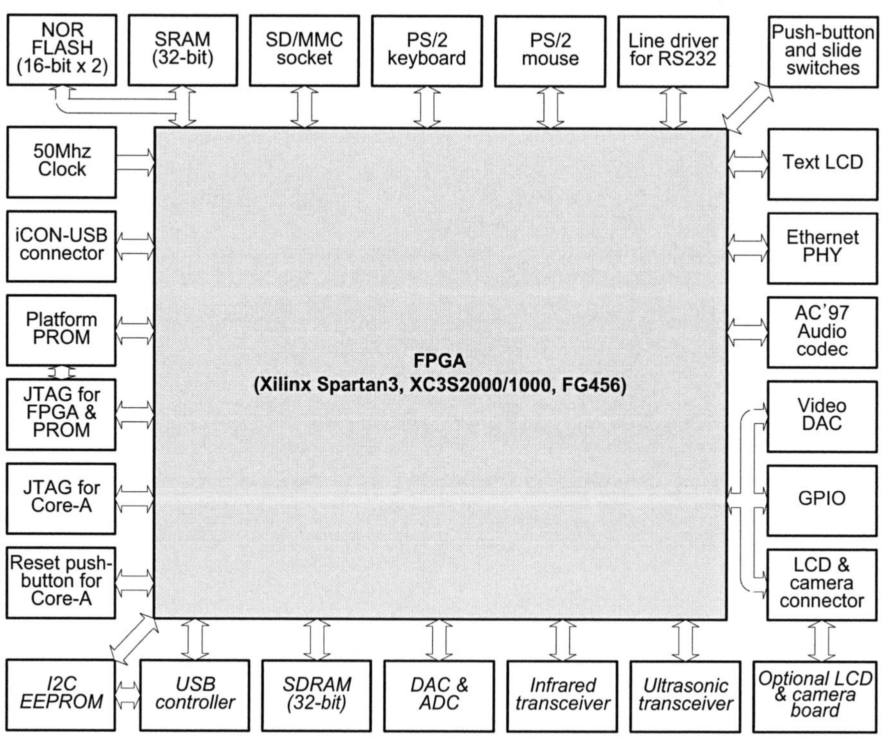

[그림 1] Core–A 개발 보드의 메모리들

---

[2] Field Programmable Gate Array

2 FPGA

Core-A 개발 보드에 사용된 FPGA는 Xilinx Spartan-3를 사용한다.

- Xilinx XC3S1000 – FG456
- Xilinx XC3S2000 – FG456

Core-A 개발 보드의 종류에 따라 Core-A DB-EK의 경우 1백만 게이트, Core-A DB-RK의 경우 2백만 게이트를 사용한다.

3 FPGA 프로그래밍 경로

[그림 2]와 같이 FPGA를 프로그래밍 하는 경로는 세 가지가 있다.

- JTAG 포트를 통한 프로그래밍
- Platform PROM을 통한 프로그래밍
- iCON-USB를 통한 프로그래밍

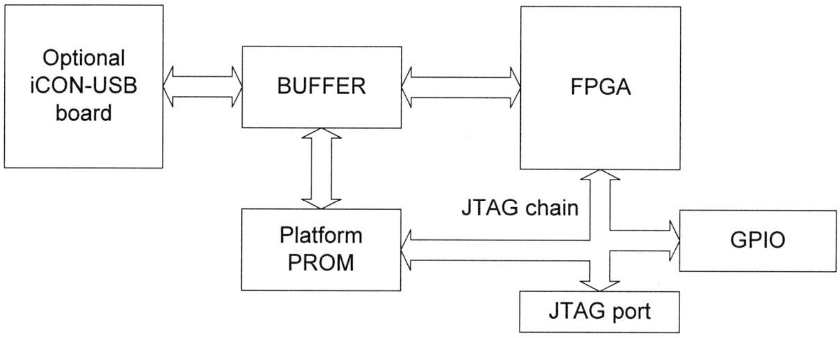

[그림 2] FPGA 프로그래밍 경로

첫째는 FPGA와 연결된 JTAG 커넥터에 Xilinx USB platform cable을 연결하여 호스트 PC에서 실행되는 Xilinx iMPACT 프로그램을 이용하는 방법이다. 둘째는 Core-A Development Board의 Platform PROM을 프로그래밍 한 후, 보드에 전원을 공급할 때 PROM에 의해 FPGA가 프로그래밍이 되게 하는 방법이다. 셋째는 iCON-USB 커넥터에 iCON-USB 보드를 연결한 후, 호스트 컴퓨터에서 FPGA 비트 스트림을 다운로드하는 방법이다.

4 FPGA 프로그래밍용 JTAG 포트

Core-A 개발 보드의 왼쪽 아래에 FPGA와 Platform PROM과 연결된 JTAG 포트가 두 종류 있다. 둘 모두 동일한 신호에 연결되어 있기 때문에 어느 쪽을 사용해도 된다. 하나는 0.1-inch 간격으로 된 6-핀 JTAG 포트이고 다른 하나는 2-mm 각격으로 된 17-핀 JTAG 포트이다. JTAG 포트를 사용할 때 주의해야 할 점은, 보드에 전원이 인가 되기 전에 JTAG 포트에 관련 하드웨어를 연결해야 한다.

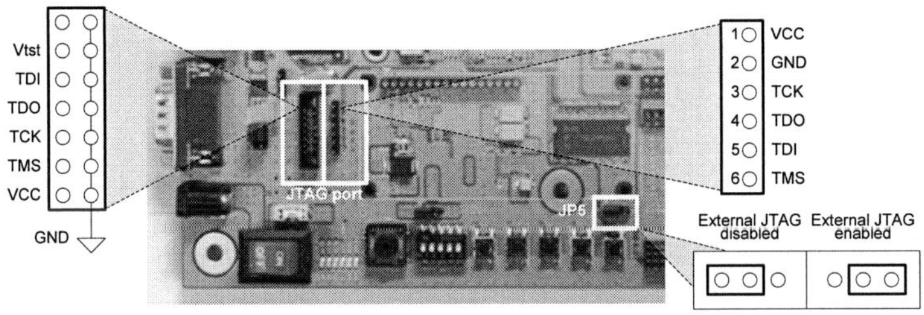

[그림 3] Core-A 개발 보드의 FPGA용 JTAG 포트

Core-A 개발 보드의 JTAG 포트 핀 이름은 FPGA에 구현되는 하드웨어와 동일하다. 따라서 TDO를 제외한 TCK, TMS, TDI는 FPGA로 입력되는 신호이다. Core-A 개발 보드의 JTAG은 Platform PROM과 FPGA가 체인으로 연결된다. 즉, TDI는 Platform PROM의 TDI로 입력되고, Platform PROM의 TDO가 FPGA의 TDI로 연결되며, FPGA의 TDO가 JTAG 포트의 TDO로 연결된다.

Core-A 개발 보드의 GPIO 포트를 통해 보드가 추가될 경우, JTAG 포트를 연장할 수 있도록 구성되어 있고, 이 연결을 사용할 것인지 여부를 점퍼 5번으로 조정할 수 있다.

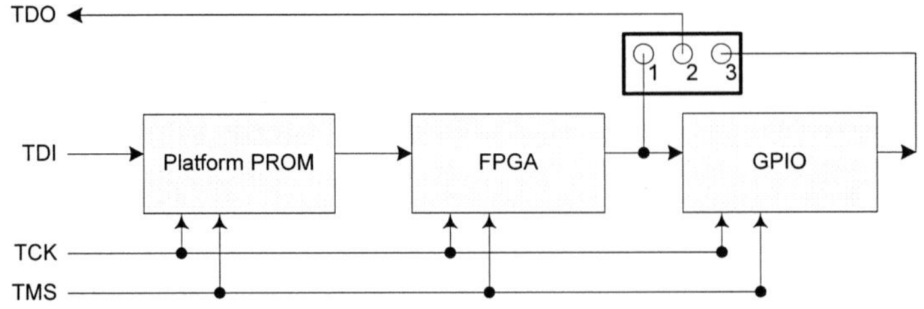

[그림 4] JTAG 체인의 연결도

5 참고자료

[1] Xilinx, Spartan-3 FPGA Family Data Sheet, DS099, Dec. 2009.

4 SRAM[3]

Core-A 개발 보드에 있는 SRAM 블록에 대해 상세하게 살펴본다.

1 Core-A 보드의 메모리

Core-A 개발 보드에는 네 가지 메모리가 지원된다.

- SRAM
- NOR-FLASH
- SDRAM
- SD/MMC

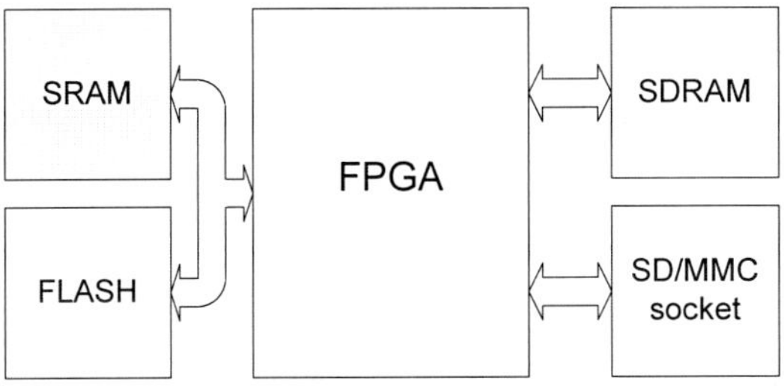

[그림 1] Core-A 개발 보드의 메모리들

SRAM과 Flash는 FPGA와 연결된 핀 수를 줄이기 위해 어드레스와 데이터 핀을 공유하며, SDRAM은 연구개발용 보드에만 지원된다. 이 장에서는 SRAM에 대해 설명한다.

[3] Static Random Access Memory

2 SRAM

Core-A 개발 보드에 사용된 SRAM은 입력 클럭에 동기 되어 동작하며, 총 36-비트 데이터 폭을 갖고, 최대 512K 깊이를 갖는다[4].

- Samsung 512Kx36 Synchronous SRAM: K7A163600A

Core-A 개발 보드에 장착된 소자는 'K7A163600A-QC14'이며 100TQFP 패키지를 사용하고 상용(Commercial) 온도 환경을 지원하며 최대 138Mhz까지 동작한다.

SRAM의 주요 핀의 기능은 다음과 같다. 낮은 전압 값이 유효한 경우 신호 이름 뒤에 '_N'을 붙여서 구별한다.

- A[18:0]: Address Inputs – 512K[5]개의 36-비트 데이트를 선택하는 주소
- ADV_N: Burst Address Advance
- ADSP_N: Address Status Processor
- ADSC_N: Address Status Controller
- CLK: Clock
- CS1_N: Chip Select
- CS2: Chip Select
- CS2_N: Chip Select
- WE_N[3:0]: Byte Write Inputs – 4개 바이트로 구성되는 DQ[31:0]와 4개 비트로 구성되는 DQP[3:0]중 어느 것을 선택하여 쓰기 할 것인지 결정하며, 낮은 전압 값으로 인가될 때 유효하게 된다.
- OE_N: Output Enable – 높은 전압으로 인가되면 DQ 핀들이 high-impedance 상태가 된다.
- GW_N: Global Write Enable – 높은 전압으로 인가된 경우, WE_N과 BW_N에 의해 각 바이트가 선택적으로 쓰기가 된다. 낮은 전압으로 인가된 경우, 모든 바이트에 쓰기가 된다.
- BW_N: Byte Write Enable
- ZZ: Power Down Input – 높은 전압으로 인가되면 칩은 슬립 모드로 되어 모든 입출력 핀이 high-impedance 상태가 된다.

4 512K × 36; 단, FPGA 에는 32-비트만이 연결되어 있기 때문에 유효 용량은 2Mbyte 가 된다.
5 $2^{19} = 2^{9} \times 2^{10} = 512K$

- LBO_N: Burst Mode Control
- DQ[7:0]: Data Input/Output – related with WE_N[0]
- DQ[15:8]: Data Input/Output – related with WE_N[1]
- DQ[16:23]: Data Input/Output – related with WE_N[2]
- DQ[24:31]: Data Input/Output – related with WE_N[3]
- DQP[3:0]: Data Parity Input/Output – Core-A 개발 보드에서는 FPGA와 연결되어 있지 않으므로 사용하지 않는다.

ZZ와 OE_N을 제외한 대부분의 신호들을 CLK에 동기 되며, SRAM이 구동할 경우 CLK의 상승 모서리에서 구동을 시작하고, 입력할 경우도 CLK의 상승 모서리에서 유효한 값이어야 한다. GW_N, BW_N, WE_N 신호의 조합으로 읽기인지 쓰기인지 그리고 쓰기의 경우 어느 바이트에 쓸 것인지 등을 결정하며, CS1_N, CS2, CS2_N, ADSP_N, ADSC_N, ADV_N 등의 조합으로 여러 가지 동작 모드 중 하나로 선택된다.

3 SRAM 동작의 예

[그림 2]는 ADSP_N이 높은 전압으로 유지된 상태에서 ADSC_N으로 읽기와 쓰기를 하는 타이밍도를 보인 것이다. 클럭의 상승 모서리에서 ADSC_N이 낮은 전압 값이고, CS[6]이 유효한 조합이면, 같은 시점의 A[18:0]가 참조할 주소가 되고, WRITE[7]가 읽기인지 쓰기인지를 결정한다. 쓰기의 경우는 같은 시점에 쓸 데이터가 DQ에 실려야 하고, 읽기의 경우는 두 사이클째에 DQ에 값이 출력된다.

6 {CS1_N, CS2, CS2_N} == {L, H, L}
7 {GW_N, BW_N, WE_N[3:0]} == {H, L, WE[3:0]}

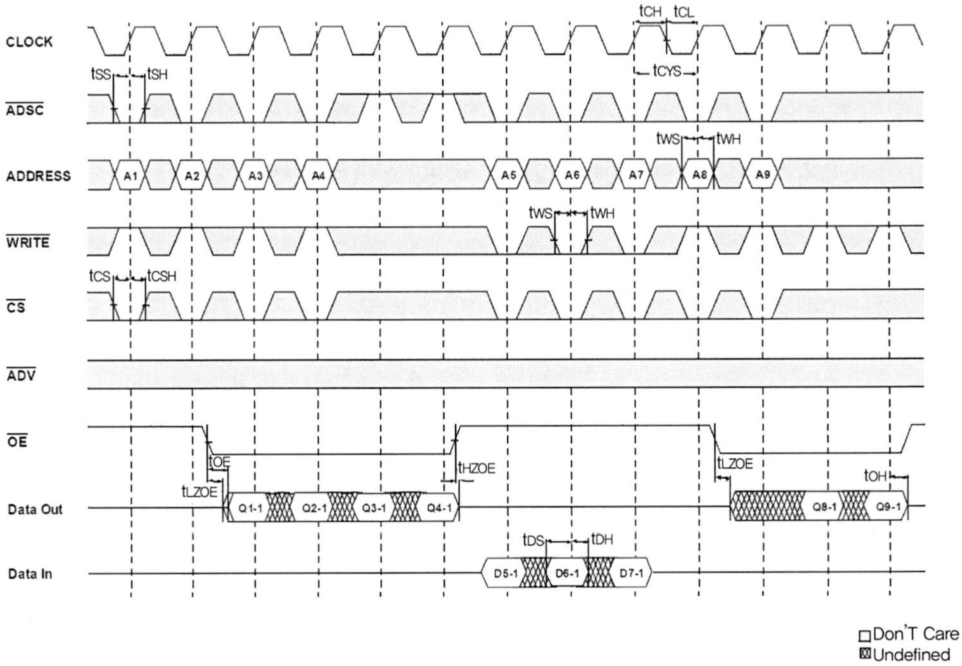

[그림 2] ADSC_N 제어를 이용한 읽기와 쓰기 타이핑[8]

4 SRAM-FPGA 연결

[그림 3]에 보인 바와 같이 어드레스와 데이터 핀은 NOR-Flash와 공유한다. 36-비트 데이터 비트 중 32-비트만을 사용한다. 따라서 총 2Mbyte[9] 메모리 공간을 지원한다. 낮은 전압 상태가 활성화 신호로 사용되는 경우 저항을 통해 풀업(pull-up)하여 사용하지 않을 경우 비활성화 되게 하고, 항상 활성화 될 필요가 있는 일부 신호는 그에 맞추어 풀업 또는 풀다운(pull-down)한다. ZZ 신호선은 기본으로 높은 전압을 갖게 되어 SRAM은 전력 소모를 방지하는 불활성 상태가 된다.

---

[8] 참고자료 [1]에서 발췌

[9] 32-bit x 512K = 4-byte x 512K = 2048K-byte

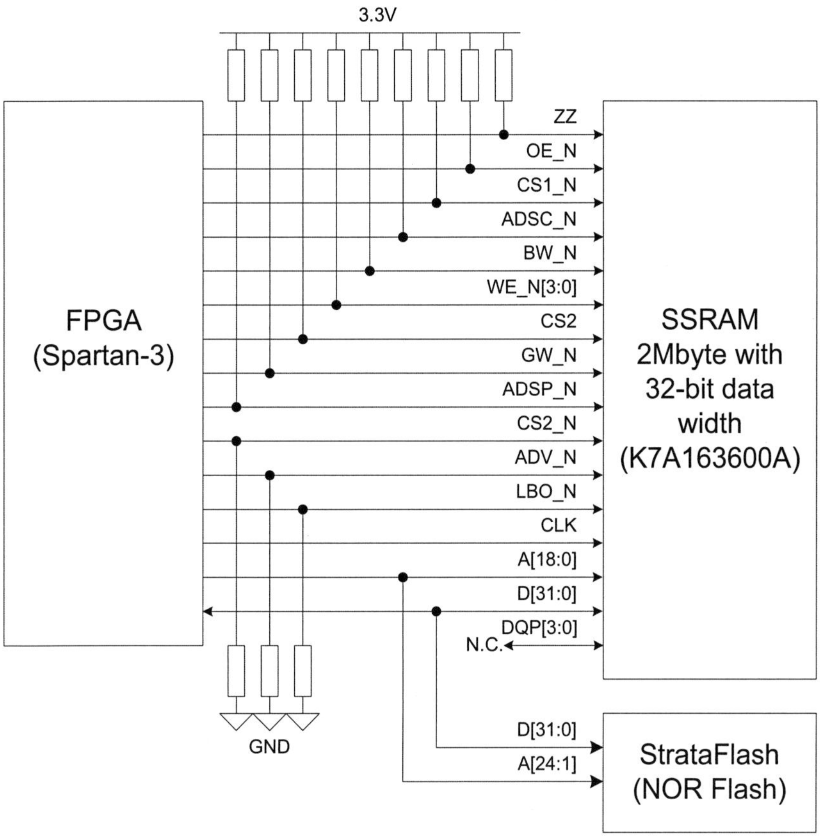

[그림 3] FPGA-SRAM 연결도

[표 1]에 SRAM와 FPGA 사이의 핀 연결에 대해 정리하였고, 신호의 방향은 FPGA 입장에서 기술하며, [그림 3]에서 설명한 바와 같이 FLASH와 공유되는 신호의 경우 SRAM_FLASH로 구분하였으며, 이들 신호 이름은 iNSPIRE에서 사용한 것과 동일하다.

[표 1] SRAM-FPGA핀 연결

Signal name	Width	Direction	FPGA pin	Remarks
SRAM_FLASH_A	19	Out	AB19, AB18, AB16, AB15, AB13, AA20, AA19, AA18, AA17, AA16, AA15, AA13, AB20, Y18, Y17, Y16, Y13, Y12, W18, W17, W16, W15, W14, W13	bit 18 to bit 0
ADV_N	1	Out	W22	
ADSP_N	1	Out	W21	
ADSC_N	1	Out	W20	
CLK	1	Out	V21	

Signal name	Width	Direction	FPGA pin	Remarks
CS1_N	1	Out	V20	
CS2	1	Out	U20	
CS2_N	1	Out	U19	
WE_N	4	Out	V18, V17, V16, V15	bit 4 to 0
OE_N	1	Out	W19	
GW_N	1	Out	V22	
BW_N	1	Out	U21	
ZZ	1	Out	U18	
LBO_N	1	Out	V19	
SRAM_FLASH_D	32	In/Out	AB11, AB10, AB8, AB7, AB5, AB4, U6, AA10, AA8, AA7, AA6, AA5, AA4, Y10, Y7, Y6, Y5, W10, W9, W8, W7, W6, W5, V10, V9, V8, V7, V6, U11, U10, U9, U7	bit 31 to bit 0

5 SRAM 제어기 설계

[그림 3]에서 설명한 바와 같이 FPGA에 연결된 SRAM을 사용하기 위해서는 [그림 4]에서와 같이 FPGA에 SRAM을 제어할 제어 블록이 필요하며, 이 제어 블록은 [그림 2]에서 설명한 타이밍에 맞도록 신호를 정확하게 구동해야 한다.

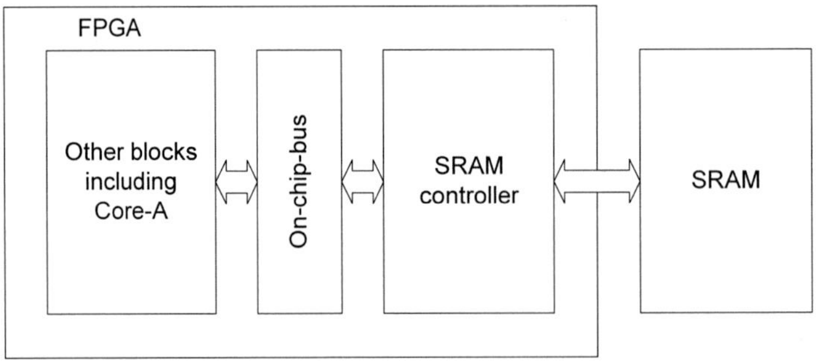

[그림 4] SRAM 제어기와 SRAM

OCB(On-Chip-Bus)와 SRAM을 연결하는 것이 SRAM 제어기의 역할이며, [그림 5]에 AMBA AHB 버스와 연동하는 것을 예로 보였다. 보다 상세한 내용은 참고자료 [1]과 [2]를 참조한다.

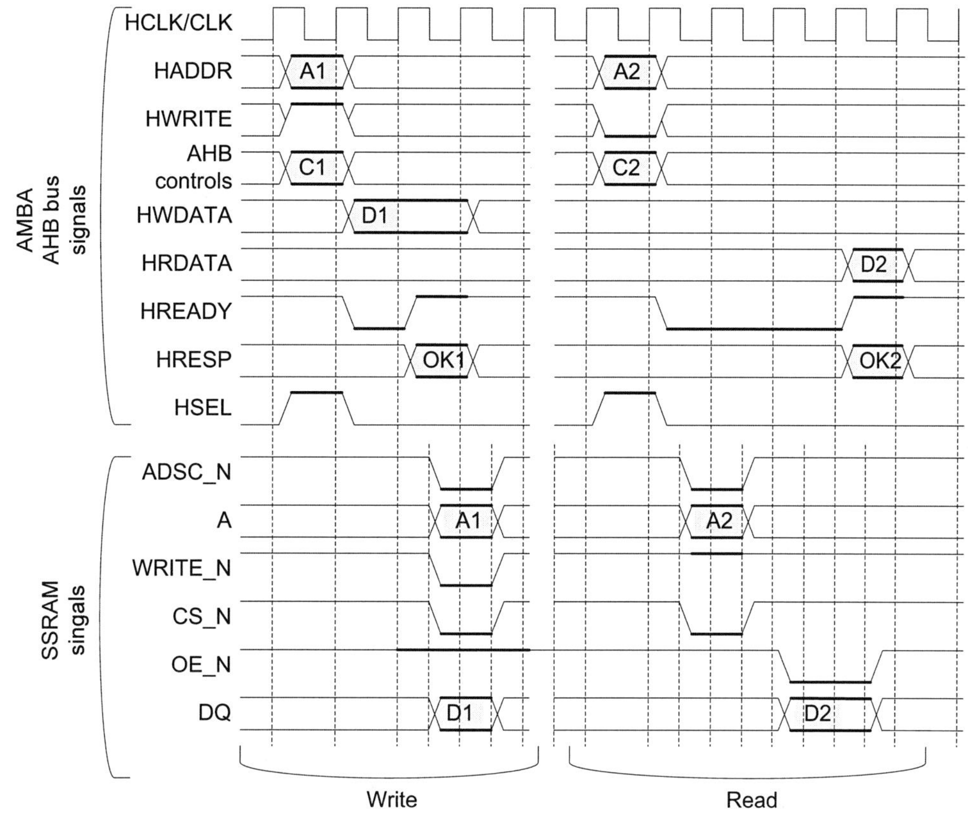

[그림 5] SRAM 제어기의 동작 타이밍

6 UCF

```
NET SRAM_LBO_N        LOC=V19  | IOSTANDARD=LVCMOS33 ; # out
NET SRAM_GW_N         LOC=V22  | IOSTANDARD=LVCMOS33 ; # out
NET SRAM_CS2          LOC=U20  | IOSTANDARD=LVCMOS33 ; # out
NET SRAM_CS2_N        LOC=U19  | IOSTANDARD=LVCMOS33 ; # out
NET SRAM_ADSP_N       LOC=W21  | IOSTANDARD=LVCMOS33 ; # out
NET SRAM_ADV_N        LOC=W22  | IOSTANDARD=LVCMOS33 ; # out
NET SRAM_BW_N         LOC=U21  | IOSTANDARD=LVCMOS33 ; # out
NET SRAM_CS1_N        LOC=V20  | IOSTANDARD=LVCMOS33 ; # out
NET SRAM_ADSC_N       LOC=W20  | IOSTANDARD=LVCMOS33 ; # out
NET SRAM_OE_N         LOC=W19  | IOSTANDARD=LVCMOS33 ; # out
NET SRAM_ZZ           LOC=U18  | IOSTANDARD=LVCMOS33 ; # out
NET SRAM_CLK          LOC=V21  | IOSTANDARD=LVCMOS33 ; # out
NET SRAM_WE_N<0>      LOC=V15  | IOSTANDARD=LVCMOS33 ; # out
NET SRAM_WE_N<1>      LOC=V16  | IOSTANDARD=LVCMOS33 ; # out
NET SRAM_WE_N<2>      LOC=V17  | IOSTANDARD=LVCMOS33 ; # out
```

```
NET SRAM_WE_N<3>       LOC=V18  | IOSTANDARD=LVCMOS33 ; # out
NET SRAM_FLASH_A<0>    LOC=W13  | IOSTANDARD=LVCMOS33 ; # out
NET SRAM_FLASH_A<1>    LOC=W14  | IOSTANDARD=LVCMOS33 ; # out
NET SRAM_FLASH_A<2>    LOC=W15  | IOSTANDARD=LVCMOS33 ; # out
NET SRAM_FLASH_A<3>    LOC=W16  | IOSTANDARD=LVCMOS33 ; # out
NET SRAM_FLASH_A<4>    LOC=W17  | IOSTANDARD=LVCMOS33 ; # out
NET SRAM_FLASH_A<5>    LOC=W18  | IOSTANDARD=LVCMOS33 ; # out
NET SRAM_FLASH_A<6>    LOC=Y12  | IOSTANDARD=LVCMOS33 ; # out
NET SRAM_FLASH_A<7>    LOC=Y13  | IOSTANDARD=LVCMOS33 ; # out
NET SRAM_FLASH_A<8>    LOC=Y16  | IOSTANDARD=LVCMOS33 ; # out
NET SRAM_FLASH_A<9>    LOC=Y17  | IOSTANDARD=LVCMOS33 ; # out
NET SRAM_FLASH_A<10>   LOC=Y18  | IOSTANDARD=LVCMOS33 ; # out
NET SRAM_FLASH_A<11>   LOC=AB20 | IOSTANDARD=LVCMOS33 ; # out
NET SRAM_FLASH_A<12>   LOC=AA13 | IOSTANDARD=LVCMOS33 ; # out
NET SRAM_FLASH_A<13>   LOC=AA15 | IOSTANDARD=LVCMOS33 ; # out
NET SRAM_FLASH_A<14>   LOC=AA16 | IOSTANDARD=LVCMOS33 ; # out
NET SRAM_FLASH_A<15>   LOC=AA17 | IOSTANDARD=LVCMOS33 ; # out
NET SRAM_FLASH_A<16>   LOC=AA18 | IOSTANDARD=LVCMOS33 ; # out
NET SRAM_FLASH_A<17>   LOC=AA19 | IOSTANDARD=LVCMOS33 ; # out
NET SRAM_FLASH_A<18>   LOC=AA20 | IOSTANDARD=LVCMOS33 ; # out
NET SRAM_FLASH_D<0>    LOC=U7   | IOSTANDARD=LVCMOS33 ; # inout
NET SRAM_FLASH_D<1>    LOC=U9   | IOSTANDARD=LVCMOS33 ; # inout
NET SRAM_FLASH_D<2>    LOC=U10  | IOSTANDARD=LVCMOS33 ; # inout
NET SRAM_FLASH_D<3>    LOC=U11  | IOSTANDARD=LVCMOS33 ; # inout
NET SRAM_FLASH_D<4>    LOC=V6   | IOSTANDARD=LVCMOS33 ; # inout
NET SRAM_FLASH_D<5>    LOC=V7   | IOSTANDARD=LVCMOS33 ; # inout
NET SRAM_FLASH_D<6>    LOC=V8   | IOSTANDARD=LVCMOS33 ; # inout
NET SRAM_FLASH_D<7>    LOC=V9   | IOSTANDARD=LVCMOS33 ; # inout
NET SRAM_FLASH_D<8>    LOC=V10  | IOSTANDARD=LVCMOS33 ; # inout
NET SRAM_FLASH_D<9>    LOC=W5   | IOSTANDARD=LVCMOS33 ; # inout
NET SRAM_FLASH_D<10>   LOC=W6   | IOSTANDARD=LVCMOS33 ; # inout
NET SRAM_FLASH_D<11>   LOC=W7   | IOSTANDARD=LVCMOS33 ; # inout
NET SRAM_FLASH_D<12>   LOC=W8   | IOSTANDARD=LVCMOS33 ; # inout
NET SRAM_FLASH_D<13>   LOC=W9   | IOSTANDARD=LVCMOS33 ; # inout
NET SRAM_FLASH_D<14>   LOC=W10  | IOSTANDARD=LVCMOS33 ; # inout
NET SRAM_FLASH_D<15>   LOC=Y5   | IOSTANDARD=LVCMOS33 ; # inout
NET SRAM_FLASH_D<16>   LOC=Y6   | IOSTANDARD=LVCMOS33 ; # inout
NET SRAM_FLASH_D<17>   LOC=Y7   | IOSTANDARD=LVCMOS33 ; # inout
NET SRAM_FLASH_D<18>   LOC=Y10  | IOSTANDARD=LVCMOS33 ; # inout
NET SRAM_FLASH_D<19>   LOC=AA4  | IOSTANDARD=LVCMOS33 ; # inout
NET SRAM_FLASH_D<20>   LOC=AA5  | IOSTANDARD=LVCMOS33 ; # inout
NET SRAM_FLASH_D<21>   LOC=AA6  | IOSTANDARD=LVCMOS33 ; # inout
NET SRAM_FLASH_D<22>   LOC=AA7  | IOSTANDARD=LVCMOS33 ; # inout
NET SRAM_FLASH_D<23>   LOC=AA8  | IOSTANDARD=LVCMOS33 ; # inout
NET SRAM_FLASH_D<24>   LOC=AA10 | IOSTANDARD=LVCMOS33 ; # inout
NET SRAM_FLASH_D<25>   LOC=U6   | IOSTANDARD=LVCMOS33 ; # inout
NET SRAM_FLASH_D<26>   LOC=AB4  | IOSTANDARD=LVCMOS33 ; # inout
```

```
NET SRAM_FLASH_D<27> LOC=AB5  | IOSTANDARD=LVCMOS33 ; # inout
NET SRAM_FLASH_D<28> LOC=AB7  | IOSTANDARD=LVCMOS33 ; # inout
NET SRAM_FLASH_D<29> LOC=AB8  | IOSTANDARD=LVCMOS33 ; # inout
NET SRAM_FLASH_D<30> LOC=AB10 | IOSTANDARD=LVCMOS33 ; # inout
NET SRAM_FLASH_D<31> LOC=AB11 | IOSTANDARD=LVCMOS33 ; # inout
```

7 참고자료

[1] Samsung, 512Kx36/x32 & 1Mx18-Bit Synchronous Pipelined Burst SRAM, K7A163600A, Samsung Electronics, 2003.

[2] 기안도, 시스템 집적 반도체 설계검증 환경과 기법, 제4장 BFM을 이용한 설계자산의 기능검증, 홍릉과학출판사, 2008.

5 FLASH

Core-A 개발 보드에 있는 NOR-FLASH 블록에 대해 상세하게 살펴본다.

1. Core-A 보드의 메모리
2. FLASH
3. FLASH 동작의 예
4. FLASH-FPGA 연결
5. FLASH 와 점퍼
6. FLASH 제어기 설계
7. UCF
8. 참고자료

1 Core-A 보드의 메모리

Core-A 개발 보드에는 네 가지 메모리가 지원된다.

- SRAM
- NOR-FLASH
- SDRAM
- SD/MMC

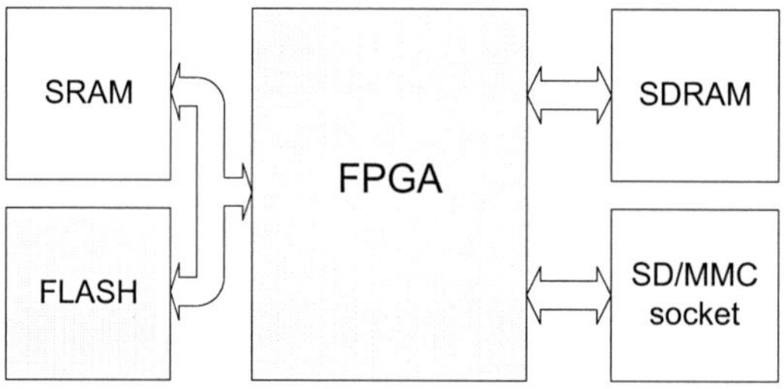

[그림 1] Core-A 개발 보드의 메모리들

SRAM과 Flash는 FPGA와 연결된 핀 수를 줄이기 위해 어드레스와 데이터 핀을 공유하며, SDRAM은 연구개발용 보드에만 지원된다. 이 장에서는 FLASH에 대해 설명한다.

2 FLASH

Core-A 개발 보드에 사용된 NOR-Flash는 16-비트 데이터 폭을 갖는 다음 소자를 두 개 사용한다.

- Intel, StrataFlash Memoyr (J3): JS28F320

Core-A 개발 보드에 장착된 소자는 Intel StrataFlash 'JS28F320-J3D75'이며 56-Lead TSOP 패키지를 사용하고, 각 소자당 32Mbit 용량이므로, 총 8Mbyte 용량이 된다[10]. 개발 보드는 64MBit 용량까지 지원하도록 어드레스 라인이 총 23핀까지 구성되어 있다.

FLASH의 주요 핀의 기능은 다음과 같다. 낮은 전압 값이 유효한 경우 신호 이름 뒤에 '_N'을 붙여서 구별한다.

- A0: Byte-select address – 8-비트 모드로 사용될 때 상하 바이트 선택에 사용; BYTE_N이 낮은 전압일 때만 유효하다.
- A[21:1]: Address input[11]
- D[7:0]: Low-byte data bus
- D[15:8]: High-byte data bus
- CE0, CE1, CE2: Chip enables
- RP_N: Reset/Power-Down – 낮은 전압으로 인가되면 power-down 모드가 된다.
- OE_N: Output enable
- WE_N: Write enable
- STS: Status
- BYTE_N: Byte enable – 낮은 전압 값으로 인가되면 8-비트 모드가 되며, D[7:0]가 사용되고 D[15:8]은 high-impedance가 되며 A0가 상하 바이트를 결정한다.
- VPEN: Erase/Program/Block lock enable – 낮은 전압으로 인가되면 FLASH의 내용이 보호된다.

FLASH 메모리는 클럭을 입력으로 받지 않으므로 모든 신호는 정해진 순서와 시간 간격을 잘 지켜야 원하는 동작이 가능하다.

[10] $2 \times 32\text{Mbit} = 2 \times 4\text{Mbyte} = 8\text{Mbyte}$

[11] $32\text{Mbit} = 4\text{Mbyte} = 2^2 \times 2^{20} = 2^{22}$

3 FLASH 동작의 예

[그림 2]에 FLASH에 쓰기와 읽기를 하는 타이밍도를 보였다. 주의할 점은 FLASH의 읽기와 쓰기는 SRAM이나 DRAM과 같지 않다는 것이다. 하드웨어적으로 [그림 2]로 표현된 읽기와 쓰기 사이클을 사용하지만, 이들 사이클을 조합하여 특정 주소 공간의 내용을 읽거나 쓰게 된다. 보다 상세한 내용은 참고자료 [1]과 [2]를 참조한다.

[그림 2]의 위쪽 그림이 쓰기 사이클이며, W3, W4, W5, W6, W7, W8이 매우 중요하다. 쓰기 싸이클을 위해서는 VPEN이 높은 전압이어야 하고, W6, W7, W8이 0nsec 인 것을 감안하면 W3, W4, W5는 최소 각각 70nsec, 50nsec, 55nsec를 반드시 보장해야 되므로, A, CS, WE_N, D를 동시에 구동하고, 70nsec이상으로 구동하는 방법이 가능하다. [그림 2]의 아래 그림은 읽기 사이클이며 FLASH 종류에 따라 지켜야 할 시간 규격이 결정되며, R1, R2, R3가 중요하고, A와 CS를 R1 이상으로 충분하게 구동하면 된다.

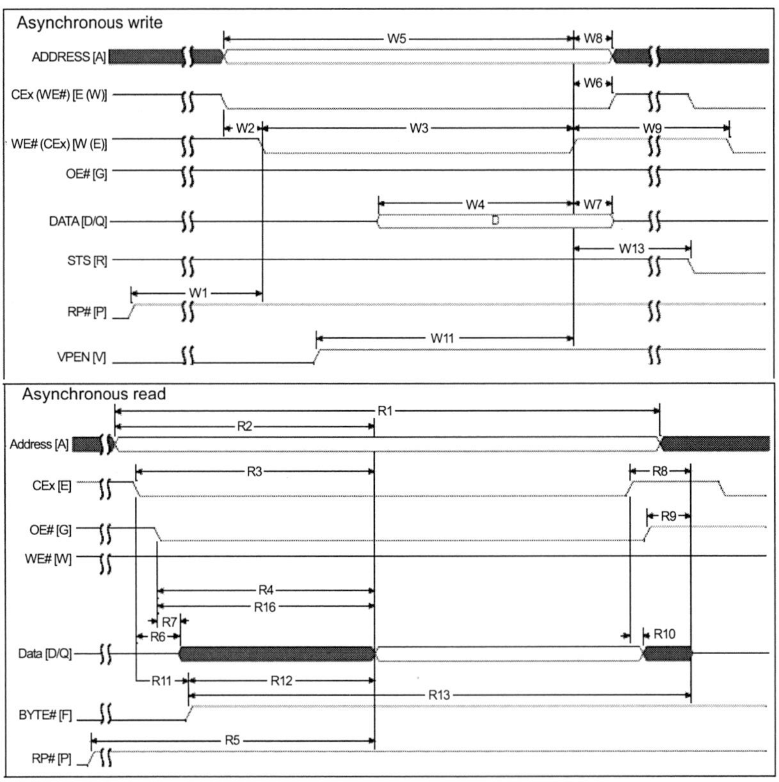

[그림 2] 읽기와 쓰기 타이핑[12]

[12] 참고자료 [1]에서 발췌

4 FLASH-FPGA 연결

[그림 3]에 보인 바와 같이 어드레스와 데이터 핀은 SRAM과 공유한다. 16-비트 데이터 폭을 갖는 두 개 소자를 사용하며, 저장된 내용을 보호하기 위한 점퍼가 있고, 이 점퍼에 연결된 신호선에 높은 전압을 인가 해 주어야 프로그램이 가능하다. 32-Mbit FLASH를 사용한 경우, A[22]는 사용하지 않는다.

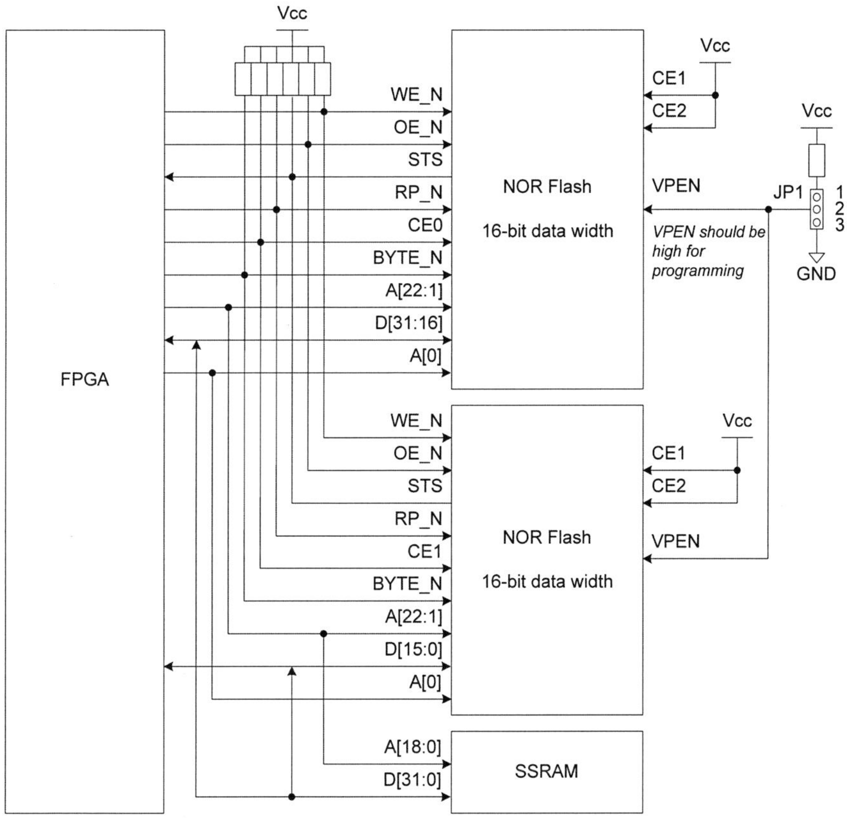

[그림 3] FPGA-NOR-Flash 연결도

[표 1]에 SRAM와 FPGA 사이의 핀 연결에 대해 정리하였고, 신호의 방향은 FPGA 입장에서 기술하며, [그림 3]에서 설명한 바와 같이 FLASH와 공유되는 신호의 경우 SRAM_FLASH로 구분하였으며, 이들 신호 이름은 iNSPIRE에서 사용한 것과 동일하다.

[표 1] FLASH-FPGA 핀 연결

Signal name	Width	Direction	FPGA pin	Remarks
FLASH_A0	1	Out	D20	
SRAM_FLASH_A	21	Out	AB15, AB13, AA20, AA19, AA18, AA17, AA16, AA15, AA13, AB20, Y18, Y17, Y16, Y13, Y12, W18, W17, W16, W15, W14, W13	SRAM_FLASH[21:1] bit 21 to bit 1
FLASH_D[31:0]	32	In/Out	AB11, AB10, AB8, AB7, AB5, AB4, U6, AA10, AA8, AA7, AA6, AA5, AA4, Y10, Y7, Y6, Y5, W10, W9, W8, W7, W6, W5, V10, V9, V8, V7, V6, U11, U10, U9, U7	Bit 31 to 0
FLASH_CE	2	Out	M2, M1	
FLASH_RP_N	1	Out	Y19	
FLASH_OE_N	1	Out	Y20	
FLASH_WE_N	1	Out	Y21	
FLASH_STS	1	Out	Y3	
FLASH_BYTE_N	1	Out	Y22	

5 FLASH와 점퍼

[그림 4]와 같이 Core-A 개발 보드의 중앙 위쪽에 NOR-FLASH가 있고, 그 오른쪽 위쪽에 3-핀 점퍼가 있는데, 점퍼의 왼쪽 두 개를 연결하면 읽기와 쓰기가 가능한 상태가 되고, 오른쪽 두 개를 연결하면 읽기만 가능하게 된다.

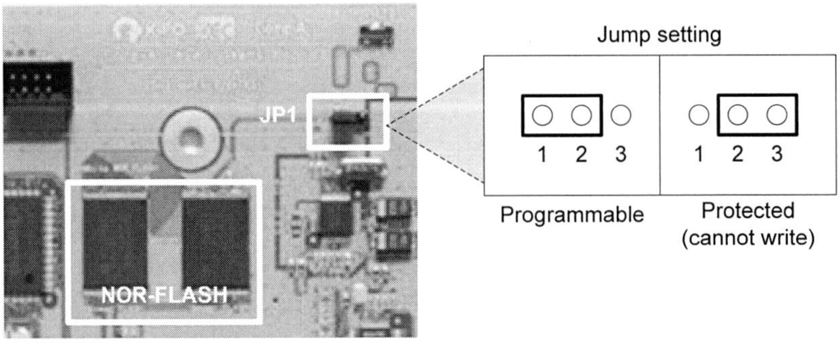

[그림 4] Core-A 개발 보드의 NOR-FLASH와 점퍼

6 FLASH 제어기 설계

[그림 3]에서 설명한 바와 같이 FPGA에 연결된 FLASH를 사용하기 위해서는 [그림 5]에서와 같이 FPGA에 FLASH를 제어할 제어 블록이 필요하며, 이 제어 블록은 [그림 2]에서 설명한 타이밍에 맞도록 신호를 정확하게 구동해야 한다.

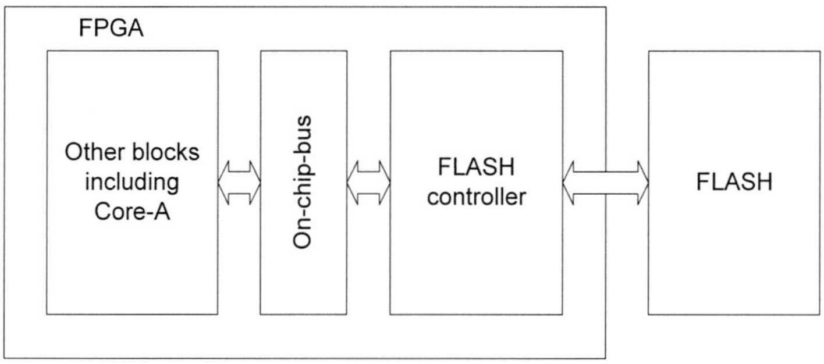

[그림 5] FLASH 제어기와 FLASH

OCB(On-Chip-Bus)와 FLASH를 연결하는 것이 FLASH 제어기의 역할이며, [그림 6]에 AMBA AHB 버스와 연동하는 것을 예로 보였다.

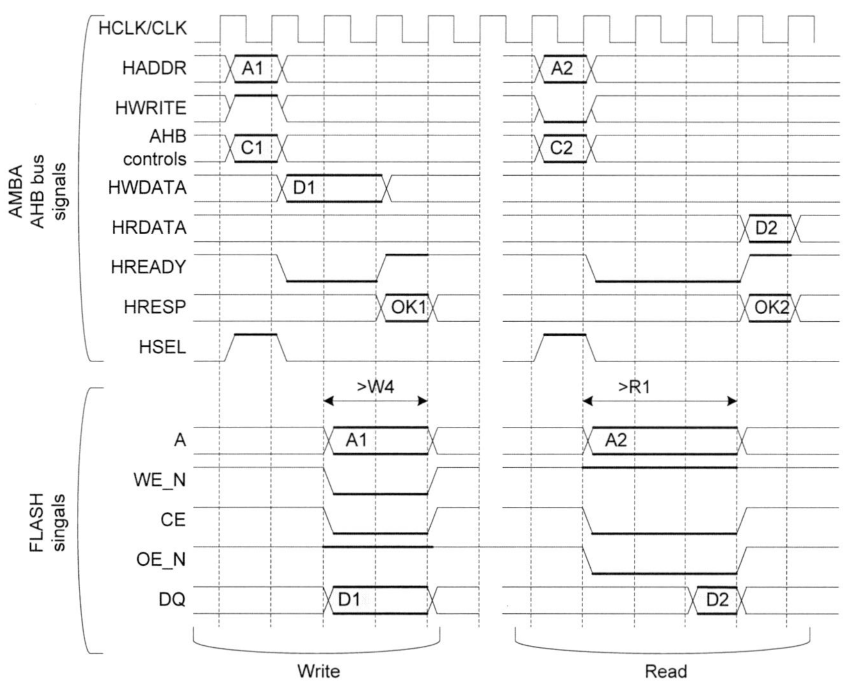

[그림 6] FLASH 제어기의 동작 타이밍

7 UCF

```
NET FLASH_CE_N<0>       LOC=M1   | IOSTANDARD=LVCMOS33 ; # out
NET FLASH_CE_N<1>       LOC=M2   | IOSTANDARD=LVCMOS33 ; # out
NET FLASH_OE_N          LOC=Y20  | IOSTANDARD=LVCMOS33 ; # out
NET FLASH_RP_N          LOC=Y19  | IOSTANDARD=LVCMOS33 ; # out
NET FLASH_STS           LOC=Y3   | IOSTANDARD=LVCMOS33 ; # in
NET FLASH_A0            LOC=D20  | IOSTANDARD=LVCMOS33 ; # out
NET FLASH_BYTE_N        LOC=Y22  | IOSTANDARD=LVCMOS33 ; # out
NET FLASH_WE_N          LOC=Y21  | IOSTANDARD=LVCMOS33 ; # out
NET SRAM_FLASH_A<0>     LOC=W13  | IOSTANDARD=LVCMOS33 ; # out
NET SRAM_FLASH_A<1>     LOC=W14  | IOSTANDARD=LVCMOS33 ; # out
NET SRAM_FLASH_A<2>     LOC=W15  | IOSTANDARD=LVCMOS33 ; # out
NET SRAM_FLASH_A<3>     LOC=W16  | IOSTANDARD=LVCMOS33 ; # out
NET SRAM_FLASH_A<4>     LOC=W17  | IOSTANDARD=LVCMOS33 ; # out
NET SRAM_FLASH_A<5>     LOC=W18  | IOSTANDARD=LVCMOS33 ; # out
NET SRAM_FLASH_A<6>     LOC=Y12  | IOSTANDARD=LVCMOS33 ; # out
NET SRAM_FLASH_A<7>     LOC=Y13  | IOSTANDARD=LVCMOS33 ; # out
NET SRAM_FLASH_A<8>     LOC=Y16  | IOSTANDARD=LVCMOS33 ; # out
NET SRAM_FLASH_A<9>     LOC=Y17  | IOSTANDARD=LVCMOS33 ; # out
NET SRAM_FLASH_A<10>    LOC=Y18  | IOSTANDARD=LVCMOS33 ; # out
NET SRAM_FLASH_A<11>    LOC=AB20 | IOSTANDARD=LVCMOS33 ; # out
NET SRAM_FLASH_A<12>    LOC=AA13 | IOSTANDARD=LVCMOS33 ; # out
NET SRAM_FLASH_A<13>    LOC=AA15 | IOSTANDARD=LVCMOS33 ; # out
NET SRAM_FLASH_A<14>    LOC=AA16 | IOSTANDARD=LVCMOS33 ; # out
NET SRAM_FLASH_A<15>    LOC=AA17 | IOSTANDARD=LVCMOS33 ; # out
NET SRAM_FLASH_A<16>    LOC=AA18 | IOSTANDARD=LVCMOS33 ; # out
NET SRAM_FLASH_A<17>    LOC=AA19 | IOSTANDARD=LVCMOS33 ; # out
NET SRAM_FLASH_A<18>    LOC=AA20 | IOSTANDARD=LVCMOS33 ; # out
NET SRAM_FLASH_A<19>    LOC=AB13 | IOSTANDARD=LVCMOS33 ; # out
NET SRAM_FLASH_A<20>    LOC=AB15 | IOSTANDARD=LVCMOS33 ; # out
NET SRAM_FLASH_A<21>    LOC=AB16 | IOSTANDARD=LVCMOS33 ; # out
NET SRAM_FLASH_D<0>     LOC=U7   | IOSTANDARD=LVCMOS33 ; # inout
NET SRAM_FLASH_D<1>     LOC=U9   | IOSTANDARD=LVCMOS33 ; # inout
NET SRAM_FLASH_D<2>     LOC=U10  | IOSTANDARD=LVCMOS33 ; # inout
NET SRAM_FLASH_D<3>     LOC=U11  | IOSTANDARD=LVCMOS33 ; # inout
NET SRAM_FLASH_D<4>     LOC=V6   | IOSTANDARD=LVCMOS33 ; # inout
NET SRAM_FLASH_D<5>     LOC=V7   | IOSTANDARD=LVCMOS33 ; # inout
NET SRAM_FLASH_D<6>     LOC=V8   | IOSTANDARD=LVCMOS33 ; # inout
NET SRAM_FLASH_D<7>     LOC=V9   | IOSTANDARD=LVCMOS33 ; # inout
NET SRAM_FLASH_D<8>     LOC=V10  | IOSTANDARD=LVCMOS33 ; # inout
NET SRAM_FLASH_D<9>     LOC=W5   | IOSTANDARD=LVCMOS33 ; # inout
NET SRAM_FLASH_D<10>    LOC=W6   | IOSTANDARD=LVCMOS33 ; # inout
NET SRAM_FLASH_D<11>    LOC=W7   | IOSTANDARD=LVCMOS33 ; # inout
NET SRAM_FLASH_D<12>    LOC=W8   | IOSTANDARD=LVCMOS33 ; # inout
```

```
NET SRAM_FLASH_D<13>  LOC=W9    | IOSTANDARD=LVCMOS33 ; # inout
NET SRAM_FLASH_D<14>  LOC=W10   | IOSTANDARD=LVCMOS33 ; # inout
NET SRAM_FLASH_D<15>  LOC=Y5    | IOSTANDARD=LVCMOS33 ; # inout
NET SRAM_FLASH_D<16>  LOC=Y6    | IOSTANDARD=LVCMOS33 ; # inout
NET SRAM_FLASH_D<17>  LOC=Y7    | IOSTANDARD=LVCMOS33 ; # inout
NET SRAM_FLASH_D<18>  LOC=Y10   | IOSTANDARD=LVCMOS33 ; # inout
NET SRAM_FLASH_D<19>  LOC=AA4   | IOSTANDARD=LVCMOS33 ; # inout
NET SRAM_FLASH_D<20>  LOC=AA5   | IOSTANDARD=LVCMOS33 ; # inout
NET SRAM_FLASH_D<21>  LOC=AA6   | IOSTANDARD=LVCMOS33 ; # inout
NET SRAM_FLASH_D<22>  LOC=AA7   | IOSTANDARD=LVCMOS33 ; # inout
NET SRAM_FLASH_D<23>  LOC=AA8   | IOSTANDARD=LVCMOS33 ; # inout
NET SRAM_FLASH_D<24>  LOC=AA10  | IOSTANDARD=LVCMOS33 ; # inout
NET SRAM_FLASH_D<25>  LOC=U6    | IOSTANDARD=LVCMOS33 ; # inout
NET SRAM_FLASH_D<26>  LOC=AB4   | IOSTANDARD=LVCMOS33 ; # inout
NET SRAM_FLASH_D<27>  LOC=AB5   | IOSTANDARD=LVCMOS33 ; # inout
NET SRAM_FLASH_D<28>  LOC=AB7   | IOSTANDARD=LVCMOS33 ; # inout
NET SRAM_FLASH_D<29>  LOC=AB8   | IOSTANDARD=LVCMOS33 ; # inout
NET SRAM_FLASH_D<30>  LOC=AB10  | IOSTANDARD=LVCMOS33 ; # inout
NET SRAM_FLASH_D<31>  LOC=AB11  | IOSTANDARD=LVCMOS33 ; # inout
```

8 참고자료

[1] Intel, Intel StrataFlash Memory (J3) 256-Mbit (x8/x16) Datasheet, 2005.

[2] 기안도, 시스템 집적 반도체 설계검증 환경과 기법, 제11장 NOR FLASH 제어기 검증, 홍릉과학출판사, 2008.

6 SD Card[13]

Core-A 개발 보드에 있는 SD Card 소켓에 대해 상세하게 살펴본다.

1 Core-A 보드의 메모리

Core-A 개발 보드에는 네 가지 메모리가 지원된다.

- SRAM
- NOR-FLASH
- SDRAM
- SD/MMC

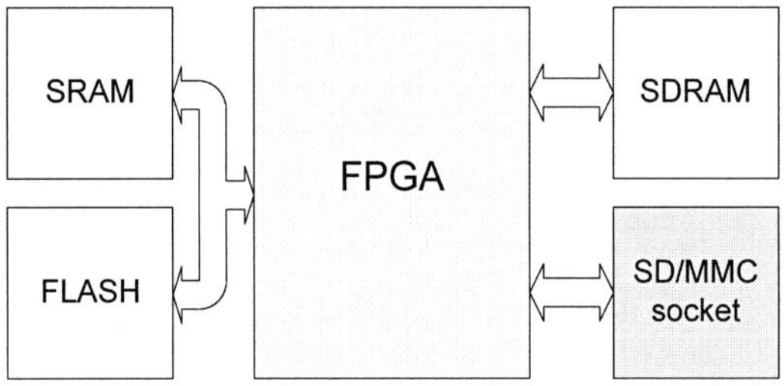

[그림 1] Core-A 개발 보드의 메모리들

SRAM과 Flash는 FPGA와 연결된 핀 수를 줄이기 위해 어드레스와 데이터 핀을 공유하며, SDRAM은 연구개발용 보드에만 지원된다. 이 장에서는 SD Card에 대해 설명한다.

[13] Secure Digital Card

2 SD Card

Core-A 개발 보드에는 SD(Secure Digital) Card(SDC) 또는 MM(Multi Media) Card(MMC)를 꽂을 수 있는 소켓이 있다. SDC는 MMC의 상위 버전으로 개발된 것이며, 내부에 FLASH 메모리와 제어용 프로세서가 있고, 512-바이트 블록 단위로 참조되는 것이 일반적이다. 블록 단위로 참조되는 특성은 일반적인 하드디스크(Hard Disk)와 동일하기 때문에 FAT(File Allocation Table)과 같은 파일 시스템으로 관리하는 것이 일반적이다.

SDC는 최대 2Gbyte까지 지원하고, SDHC(SD High Capacity, SD 2.0)는 4G ~ 32Gbyte을 지원하며, SDXC(SD eXtended Capacity)는 최고 3Tbyte까지 지원한다. SDC에는 총 9개의 접점이 있고, 세 가지 동작 모드가 정의되어 있다.

- SPI (Serial Peripheral Interface) mode
- One-bit SD mode
- Four-bit SD mode

[표 1] SDIO의 동작 모드

	Pin	SD 4-bit		SD 1-bit		SPI	
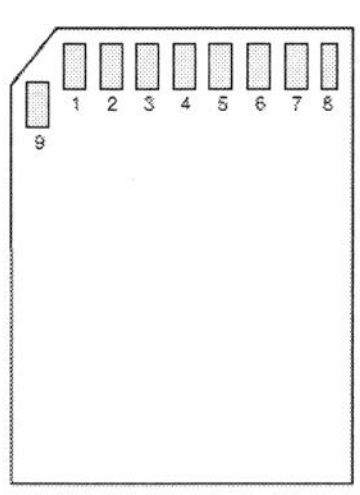 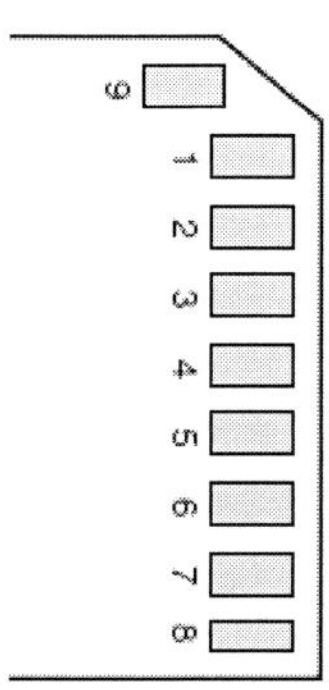	1	CD/DAT[3]	Card Detection & Data line 3	N/C	Not used	CS	Card Select
	2	CMD	Command	CMD	Command	DI	Data input
	3	VSS1	GND	VSS1	GND	VSS1	GND
	4	VDD	Supply	VDD	Supply	VDD	Supply
	5	CLK	Clock	CLK	Clock	SCLK	Clock
	6	VSS2	GND	VSS2	GND	VSS	GND
	7	DAT[0]	Data 0	DATA	Data	DO	Data output
	8	DAT[1]	Data 1	IRQ	Interrupt	IRQ	Interrupt
	9	DAT[2]	Data 2	RW	Read wait	NC	Not used

3 SDC-FPGA 연결

[그림 2]에 보인 바와 같이 Four-bit SD mode를 기준으로 모든 핀이 FPGA에 연결되어 있다. CD는 SDC가 꽂히면 낮은 전압으로 되고, WP은 높은 전압일 경우 쓰기가 금지된다.

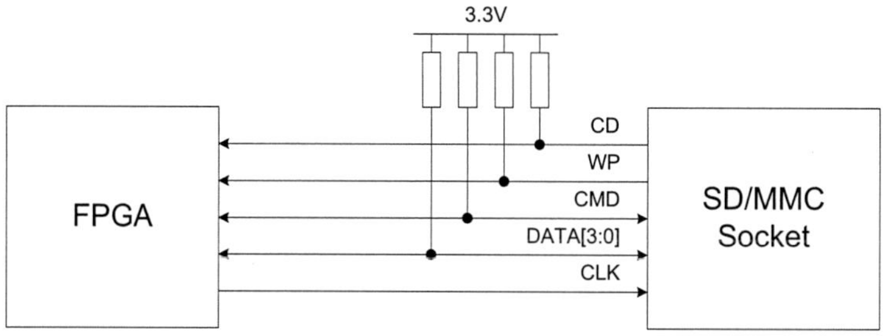

[그림 2] FPGA-SDC연결도

[표 2]에 SRAM와 FPGA 사이의 핀 연결에 대해 정리하였고, 신호의 방향은 FPGA 입장에서 기술하며, 이들 신호 이름은 iNSPIRE에서 사용한 것과 동일하다.

[표 2] FPGA와 SD Card 소켓 핀 연결

Signal name	Width	Direction	FPGA pin	Remarks
SD_CD	1	In	B4	Card detection
SD_CLK	1	Out	B5	Clock
SD_CMD	1	In/Out	B6	Command
SD_DATA0	1	In/Out	B7	Data
SD_DATA1	1	In/Out	B8	Data
SD_DATA2	1	In/Out	B9	Data
SD_DATA3	1	In/Out	B10	Data
SD_WP	1	In	A10	Write protection

4 SDC 제어기 설계

[그림 2]에서 설명한 바와 같이 FPGA에 연결된 SDC를 사용하기 위해서는 [그림 3]에서와 같이 FPGA에 SDC을 제어할 제어 블록이 필요하며, 이 제어 블록은 앞서 언급한 세가지 동작 모드 중 하나로 SDC를 제어한다.

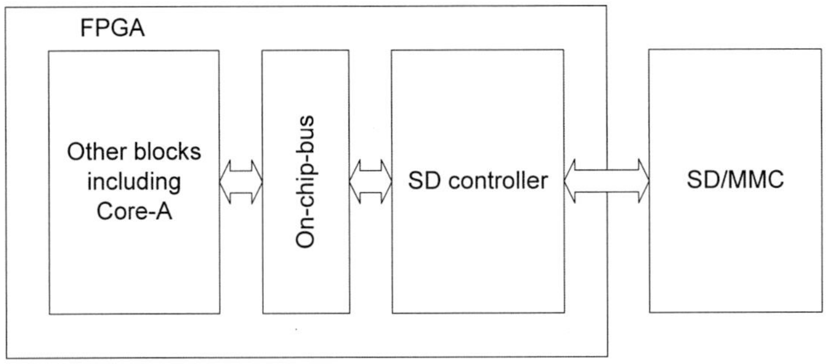

[그림 3] SD Card 제어기와 SD Card 소켓

5 UCF

```
# SD Card 4-wire version
NET SD_WP         LOC=A10 | IOSTANDARD=LVCMOS333 ; # in
NET SD_CD         LOC=B4  | IOSTANDARD=LVCMOS333 ; # in
NET SD_CMD        LOC=B6  | IOSTANDARD=LVCMOS333 ; # inout
NET SD_DATA3      LOC=B10 | IOSTANDARD=LVCMOS333 ; # inout
NET SD_DATA2      LOC=B9  | IOSTANDARD=LVCMOS333 ; # inout
NET SD_DATA1      LOC=B8  | IOSTANDARD=LVCMOS333 ; # inout
NET SD_DATA0      LOC=B7  | IOSTANDARD=LVCMOS333 ; # inout
NET SD_CLK        LOC=B5  | IOSTANDARD=LVCMOS333 ; # out

# SD Card SPI version
NET SPI_CS_N      LOC=B10 | IOSTANDARD=LVCMOS333 ; # out
NET SPI_DAT_IN    LOC=B6  | IOSTANDARD=LVCMOS333 ; # out
NET SPI_CLK       LOC=B5  | IOSTANDARD=LVCMOS333 ; # out
NET SPI_DAT_OUT   LOC=B7  | IOSTANDARD=LVCMOS333 ; # in
```

6 참고자료

[1] SD Association, SD Card Specification Simplified Version of: Part E1 – Secure Digital Input/output (SDIO) Card Specification, Version 1.0, Oct. 2001.

[2] SD Card Association, SD Specifications part 1 Physical Layer Simplified Specification, Version 2.0, Sept. 2006.

7 SDRAM[14]

Core–A 개발 보드에 있는 SDR DRAM 블록에 대해 상세하게 살펴본다.

1 Core–A 보드의 메모리

Core-A 개발 보드에는 네 가지 메모리가 지원된다.

- SRAM
- NOR-FLASH
- SDR DRAM
- SD/MMC

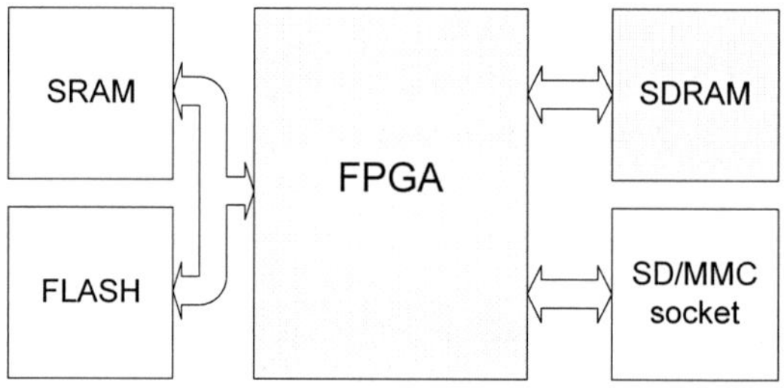

[그림 1] Core–A 개발 보드의 메모리들

SRAM과 Flash는 FPGA와 연결된 핀 수를 줄이기 위해 어드레스와 데이터 핀을 공유하며, SDR DRAM(Single Data Rate Dynamic Random Access Memory, 줄여서 SDRAM)은 연구개발용 보드에만 지원된다. 이 장에서는 SDRAM에 대해 설명한다.

---

[14] Synchronous Dynamic Random Access Memory

2 SDRAM

Core-A 개발 보드에 사용된 SDRAM은 입력 클럭에 동기 되어 동작하며, 32-비트 데이터 폭을 갖고 1M 깊이를 갖는 뱅크가 4개 지원한다[15].

- Micron Synchronous DRAM MT48LC4M32B2 – 1Meg × 32 × 4banks

Core-A 개발 보드에 장착된 소자는 '48LC4M32B-7G'이며 86-pin TSOP 패키지를 사용하고 상용(Commercial) 온도[16] 환경을 지원하며 최대 143Mhz(7nsec)까지 동작한다.

[그림 2]에 SDRAM의 내부 구조를 보였다. 16MByte SDRAM은 4MByte 크기의 뱅크 네 개로 구성된다. 4MByte 뱅크는 4096-raw × 256-column으로 구성되며, 각 column은 32bit가 된다. 따라서 특정 32-bit를 선택하기 위해, BA(Bank Address)로 네 개의 뱅크 중 하나를 선택하고, RA(Raw Address)로 선택된 뱅크의 특정 raw를 선택한 후, CA(Column Address)로 특정 32-비트 데이터를 선택한다. RA와 CA가 동일 어드레스 신호선을 사용하므로 전체 어드레스를 지정하기 위해 두 개 사이클이 사용되며, RAS 신호와 같이 RA를 먼저 구동하고, CAS 신호와 같이 CA를 구동하며, 이 두 사이클 모두 BA는 동일한 값으로 인가되어야 하며, 이둘 사이는 T_{RCD}[17] 시간 여유가 필요하다. 쓰기의 경우는 CA와 동시에 데이터를 구동하게 되고, 읽기의 경우는 CA 구동 후 일정 사이클 후 데이터가 출력되는데 이 시간 간격을 CAS 지연(CL: CAS Latency)라 한다. CAS Latency(CL)는 동작 주파수와 Speed Grade(SG)에 따라 설정해야 되며, SG가 '7'인 경우, 의미는 50MHz이하이면 1, 100MHz 이하이면 2, 143Mhz 이하이면 3으로 설정한다.

---

15 1M × 32bit × 4bank = 16Mbyte (128Mbit)

16 0° ~ +70°C

17 T_{RCD}: RAS to CAS delay: >20nsec

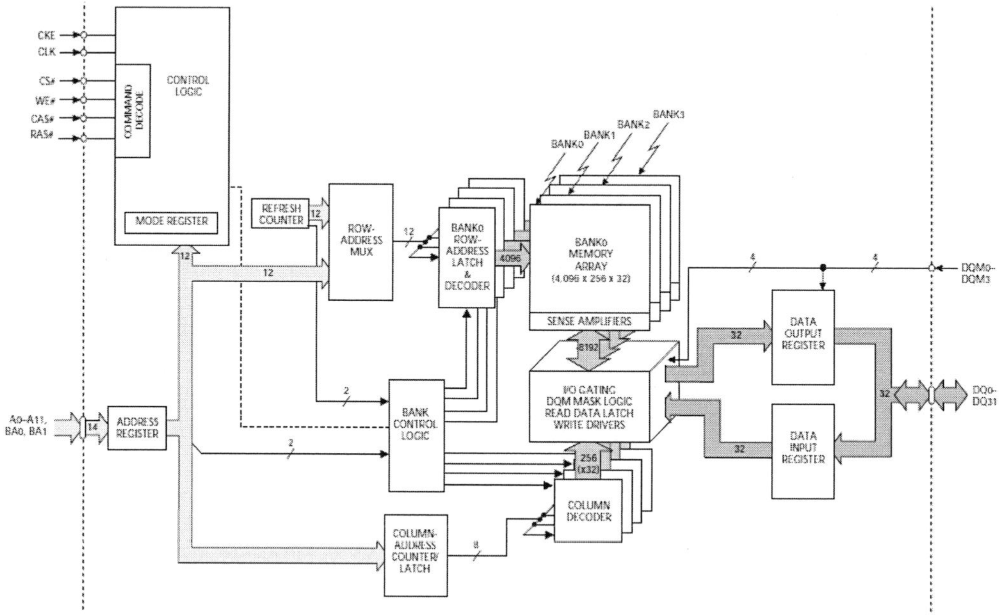

[그림 2] SDRAM의 내부 구성[18]

SDRAM의 주요 핀의 기능은 다음과 같다. 낮은 전압 값이 유효한 경우 신호 이름 뒤에 '_N'을 붙여서 구별한다.

- **CLK:** Clock(클럭) – 모든 입력 신호는 이 신호의 상승 모서리에 샘플링 된다.
- **CKE:** Clock Enablek – 높은 전압이 인가되면 CLK가 유효하다.
- **CS_N:** Chip Select – 낮은 전압이 인가되면 칩이 활성화 된다.
- **WE_N:** Write enable
- **CAS_N:** Column Address Strobe
- **RAS_N:** Row Address Strobe
- **DQM[3:0]:** Input/Output mask – 쓰기인 경우 입력 데이터 바이트를 선택적으로 마스크[19]하고, 읽기인 경우 출력 데이터 바이트를 선택적으로 마스크[20]한다. DQM[0]는 DQ[7:0], DQM[1]은 DQ[15:8], ..., DQM[3]은 DQ[31:24]를 제어한다.
- **BA[1:0]:** Bank address
- **A[11:0]:** Address – A[11:0]는 row address, A[7:0]는 column address; A[10]은 precharge 명령어 단계에서 높은 전압이면 모든 뱅크를 precharge하는 것이고,

[18] 참고자료 [1]에서 발췌

[19] If a given DQM signal is registered LOW, the corresponding data will be written to memory; if the DQM signal is registered HIGH, the corresponding data inputs will be ignored, and a write will not be executed to that byte/column location.

[20] If a given DQM signal was registered HIGH, the corresponding DQs will be High-Z two clocks later; if the DQM signal was registered LOW, the corresponding DQs will provide valid data.

낮은 전압이면 선택된 뱅크만 precharge; load mode register 명령어 단계에서 op-code를 입력하는데 사용

- **DQ[31:0]:** Data

SDRAM의 동작은 CS_N, RAS_N, CAS_N, WE_N의 조합으로 다음 [표 1]과 같이 결정하며 보다 상세한 내용은 참고자료 [1]과 [2]를 참조한다.

[표 1] SDRAM 명령어 조합

CS_N	RAS_N	CAS_N	WE_N	BA	ADDR	DQM/DQ	Note
H	X	X	X	X	X	X/X	Inhibit
L	H	H	H	X	X	X/X	No operation
L	L	L	L	2'b0	Mode	X	Load mode register – BA[1:0] should be 0 – A[11:0] for op–code – A[9:0] are valid op–code
L	H	H	L	X	X	X/Active	Burst terminate
L	L	H	H	Bank	Row	X	Active – select bank – activate row – A[11:0] for row address – B[1:0] for bank – Open a row for read/write
L	H	L	H	Bank	Col	Active	Read – select bank – select column – start RD burst – A[7:0] for column address – A[10] high for auto precharge – B[1:0] for bank
L	H	L	L	Bank	Col	Valid	Write – select bank – select column – start RD burst – A[7:0] for column address – A[10] high for auto precharge – B[1:0] for bank
L	L	H	L	Bank	Code	X	Precharge – A[10] high for all bank – A[10] low for selected bank by BA[1:0]
L	L	L	H	X	X	X	Auto refresh when CKE high – Refresh one row of each bank using internal counter – All bank must be precharged Self refresh when CKE low

어드레스 신호선을 통해 설정되는 모드 레지스터는 다음과 같이 정의된다.

[표 2] 모드 레지스터

	bit field	bit value	
burst length	A[2:0]	000	burst length 1
		001	burst length 2
		010	burst length 4
		011	burst length 8
		other	Reserved
burst type	A[3]	0	Sequential
		1	Interleaved
CAS latency	A[6:4]	001	CAS latency 1
		010	CAS latency 2
		011	CAS latency 3
		other	Reserved
op mode	A[8:7]	00	Bit field 6 ~ 0 is defined and means standard
		other	All other states reserved
write burst mode	A[9]	0	Programmed burst length
		1	Single location access, i.e., non-burst

3 SDRAM 동작

3.1 초기화

SDRAM은 전원이 인가된 후 미리 정해진 방법과 순서로 초기화를 해야 한다.

1. 전원인가
2. CKE를 낮은 전압으로 유지
3. CLOCK을 안정적으로 공급한 후, 최소 100usec대기
4. CKE를 높은 전압으로 인가하고, 'COMMAND INHIBIT' 또는 'NOP' 명령어를 1번 이상 수행
5. 'PRECHARGE ALL[21]' 명령어를 수행한 후, 'NOP' 상태로 T_{RP}[22] 동안 유지
6. 'AUTO REFRESH' 명령어를 수행한 후, 'NOP' 상태로 T_{RFC}[23] 동안 유지
7. 다시 'AUTO REFRESH' 명령어를 수행한 후, 'NOP' 상태로 T_{RFC} 동안 유지
8. 'MODE REGISTER'를 원하는 값으로 설정 한 후 'NOP' 상태로 T_{MRD}[24] 동안 유지

[21] A[10]이 '1'인 상태의 PRECHARGE
[22] T_{RP}: PRECHARGE command period: >20nsec
[23] T_{RFC}: Auto Refresh period: >70nsec
[24] T_{MRD}: LOAD MODE REGISTER command to ACTIVE or REFRESH command: >2CLK

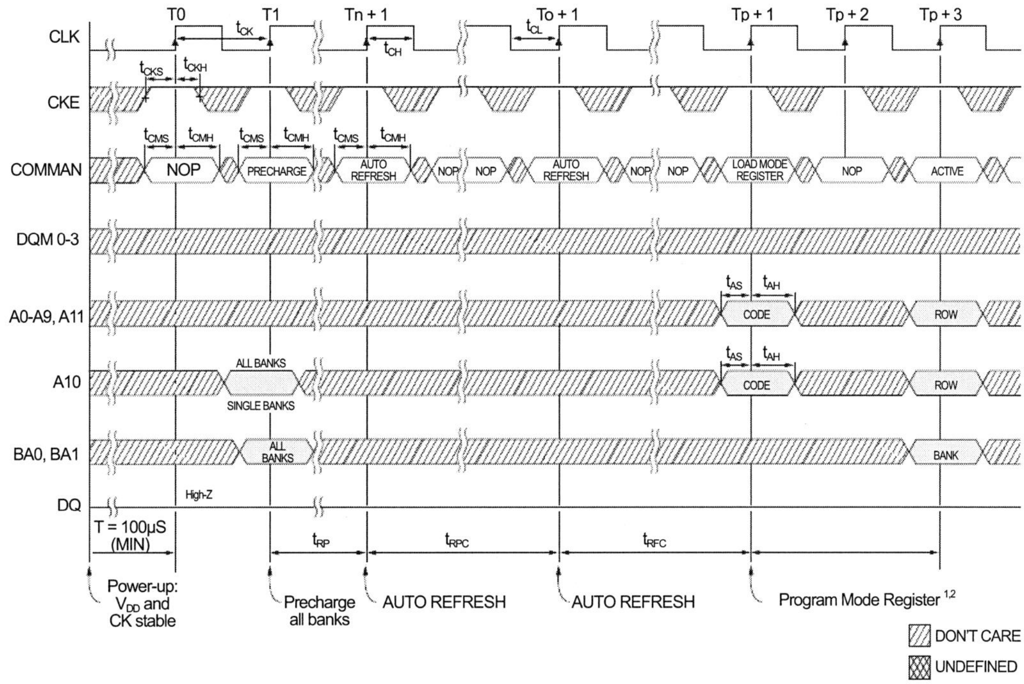

[그림 3] SDRAM 초기화 타이밍

3.2 RAS and CAS latency

RAS 지연은 'ACTIVE' 명령어[25] 이후, 'READ'/'WRITE' 명령어가 전달되기 까지 필요한 최소 지연 시간으로 보통 20nsec 이상을 유지할 수 있는 클럭 수가 된다.

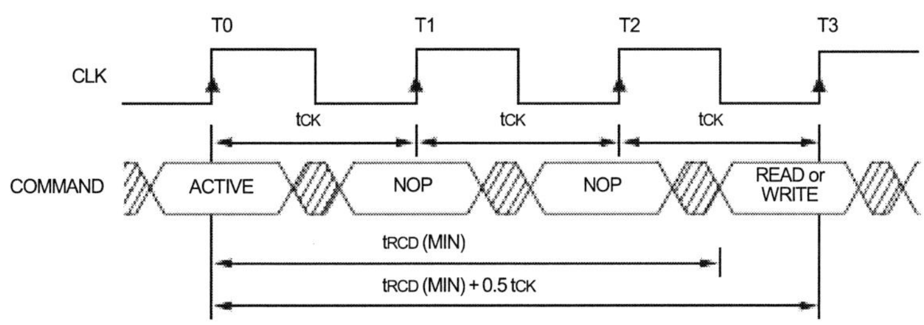

[그림 4] RAS delay

CAS 지연은 'READ' 명령어 후, 데이터가 준비되는 데까지 시간을 의미하며, 동기식 DRAM의 경우, 이 시간을 클럭 수로 환산하고, 통상 1, 2, 3 중 하나가 된다.

[25] CS_N=0, RAS_N=0, CAS_N=1, WE_N=1, BA=bank, ADDR=ra

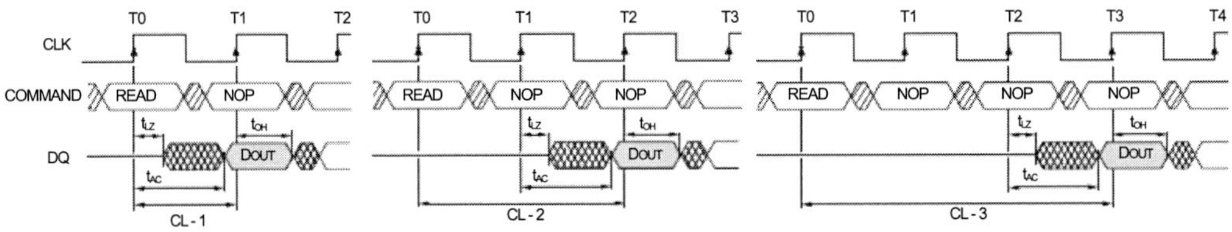

[그림 5] CAS delay

3.3 Refresh

DRAM은 내부에 저장한 정보가 일정 시간이 지나면 지워지는 특성이 있기 때문에 일정 시간 간격으로 동일한 값을 반복적으로 써주어야 하며 이러한 과정을 리프레쉬(refresh)라 한다. 리프레쉬에는 다음과 같은 다양한 방법이 있다.

- **RAS-Only-Refresh (ROR):** DRAM은 한 번에 한 개 raw에 대해 리프레쉬할 수 있으므로, RAS 신호와 함께 RA를 인가하는 것을 주기적으로 실행한다. 따라서 DRAM 제어기는 리프레쉬 할 raw 주소를 관리해야 한다.
- **CAS-Before-RAS Refresh (CBR):** 리프레쉬 할 raw 주소를 관장하는 DRAM 내부의 카운터를 통해 자동으로 리프레쉬한다. 따라서 DRAM 제어기는 리프레쉬에 필요한 주소를 관리할 필요가 없다.
- **Auto Refresh or Sleep Mode:** DRAM내부의 발진기(oscillator)와 주소 카운터를 통해 자체적으로 리프레쉬 한다.
- **Self Refresh:** Low Power 동작이나 Data를 오랜 기간 저장하기 위해 사용되는 모드

Auto refresh의 경우, DRAM 내부에서 필요한 주소를 생성하므로, 'AUTO REFRESH' 명령어에서 주소는 무의미하다. 64Mbit와 128Mbit DRAM으로 4-bank의 경우 64msec 마다 4,096 refresh가 필요하고, 256Mbit와 512Mbit DRAM으로 4-bank의 경우 64msec 마다 8,192 refresh가 필요하다. 예를들면, 128Mbit DRAM을 사용한다면, 15.6usec[26] 마다 한 번씩 'AUTO REFRESH' 명령어를 수행해야 한다.

3.4 Read/write

BA(Bank Address)로 네 개의 뱅크 중 하나를 선택하고, RA(Raw Address)로 선택된 뱅크의 특정 raw를 선택한 후, CA(Column Address)로 특정 32-비트 데이터를

---

[26] 64msec/4096 = 15.63usec

선택한다. RA와 CA가 동일 어드레스 신호선을 사용하므로 전체 어드레스를 지정하기 위해 두 개 사이클이 사용되며, RAS 신호와 같이 RA를 먼저 구동하고, CAS 신호와 같이 CA를 구동하며, 이 두 사이클 모두 BA는 동일한 값으로 인가되어야 하며, 이들 사이는 T_{RCD}[27] 쓰기의 경우는 CA와 동시에 데이터를 구동하게 되고, 읽기의 경우는 CA 구동 후 일정 사이클 후 데이터가 출력되는데 이 시간 간격을 CAS 지연(CL: CAS Latency)라 한다.

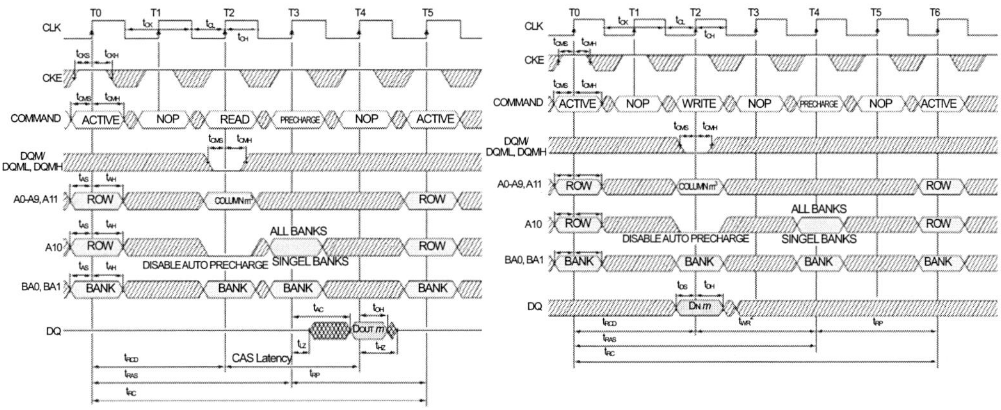

[그림 6] SDRAM 읽기와 쓰기 타이밍도

3.5 Address

SDRAM은 그 용량과 데이터 비트 수에 따라 주소 신호 핀으로 12핀 또는13핀을 사용한다.

[표 3] SDRAM의 주소

Density	Addressing	Data bit width			
		x4	x8	x16	x32
64Mbit (4-bank)	row	[11:0]	[11:0]	[11:0]	[10:0]
	column	[9:0]	[8:0]	[7:0]	[7:0]
128Mbit (4-bank)	row	[11:0]	[11:0]	[11:0]	[11:0]
	column	[11],[9:0]	[9:0]	[8:0]	[7:0]
256Mbit (4-bank)	row	[12:0]	[12:0]	[12:0]	[11:0]
	column	[11],[9:0]	[9:0]	[8:0]	[8:0]
512Mbit (4-bank)	row	[12:0]	[12:0]	[12:0]	[12:0]
	column	[12:11],[9:0]	[11],[9:0]	[9:0]	[8:0]

27 T_{RCD}: RAS to CAS delay: >20nsec

Core-A 개발 보드에 사용된 SDRAM은 128Mbit 용량에 32-비트 데이터 폭이므로 12 핀을 다음과 같이 사용한다.

- Bank address BA[1:0] = HADDR[23:22]
- Row address   A[11:0] = RA[11:0] = HADDR[21:10]
- Column address A[7:0] = CA[7:0] = HADDR[9:2]
- Data Mask DQM[3:0] = ActiveLowByteEnable[3:0]

4 SDRAM-FPGA 연결

[그림 7]에 보인 바와 같이 어드레스 12-비트와 데이터 32-비트가 모두 연결된다. 낮은 전압 상태가 활성화 신호로 사용되는 경우 저항을 통해 풀업(pull-up)하여 사용하지 않을 경우 비활성화 되게 하고, 항상 활성화 될 필요가 있는 일부 신호는 그에 맞추어 풀업 또는 풀다운(pull-done)한다. CKE 신호선은 기본으로 낮은 전압을 갖게 되어 SDRAM을 사용하지 않을 경우 전력 소모를 방지하는 불활성 상태가 된다.

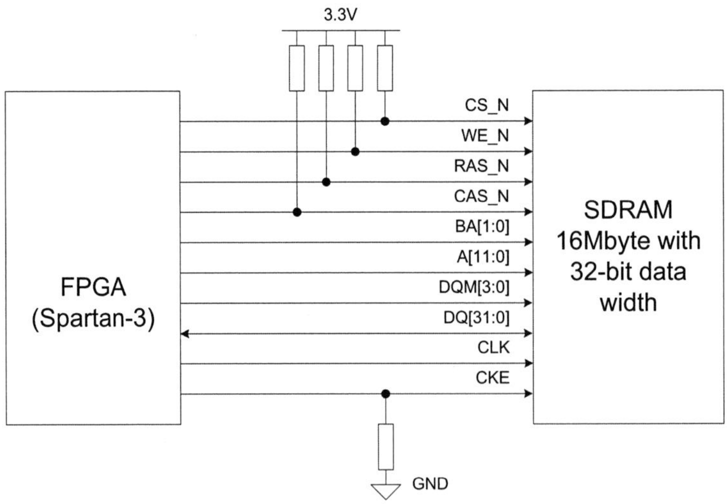

[그림 7] FPGA-SDRAM 연결도

[표 4]에 SDRAM와 FPGA 사이의 핀 연결에 대해 정리하였고, 신호의 방향은 FPGA 입장에서 기술하며, 이들 신호 이름은 iNSPIRE에서 사용한 것과 동일하다.

[표 4] SDRAM-FLASH 핀 연결

Signal name	Width	Direction	FPGA pin	Remarks
SDR_A	12	Out	E9, E8, E7, E6, E5, D11, D10, D9, D8, D7, D6, D5	bit 11 to bit 0
SDR_BA	2	Out	C11, C10	
SDR_CAS_N	1	Out	C7	
SDR_CKE	1	Out	A12	
SDR_CLK	1	Out	E11	
SDR_CS_N	1	Out	F6	
SDR_D	32	Input/Out	F17, F16, F14, F13, F12, E17, E16, E15, E14, E13, E12, D18, D17, D16, D15, D14, D13, D12, C19, C18, C17, C16, C13, A18, B20, B19, B18, B17, B16, B15, B14, B13	bit 32 to 0
SDR_DQM	1	Out	A16, A15, A14, A13	bit 3 to 0
SDR_RAS_N	4	Out	C6	
SDR_WE_N	1	Out	C5	

5 SDRAM 제어기 설계

[그림 7]에서 설명한 바와 같이 FPGA에 연결된 SDRAM을 사용하기 위해서는 [그림 8]에서와 같이 FPGA에 SDRAM을 제어할 제어 블록이 필요하며, 이 제어 블록은 AHB와 SDRAM 타이밍에 맞도록 신호를 정확하게 구동해야 한다. SDRAM 제어기는 참고자료 [3]을 참조한다.

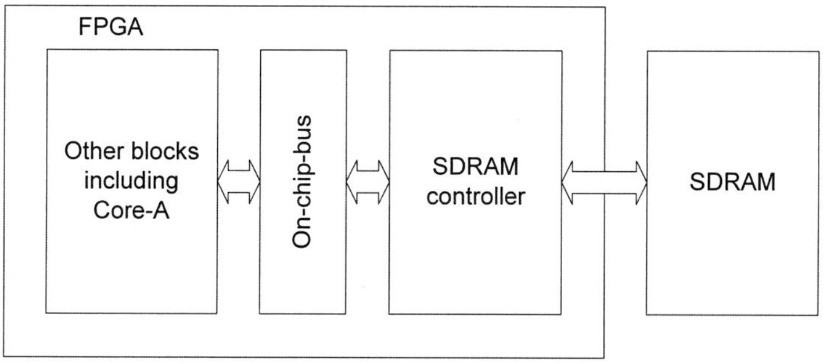

[그림 8] SDRAM 제어기와 SRAM

6 UCF

```
NET SDR_A<0>     LOC=D5   | IOSTANDARD=LVCMOS33 ; # out
NET SDR_A<1>     LOC=D6   | IOSTANDARD=LVCMOS33 ; # out
NET SDR_A<2>     LOC=D7   | IOSTANDARD=LVCMOS33 ; # out
NET SDR_A<3>     LOC=D8   | IOSTANDARD=LVCMOS33 ; # out
NET SDR_A<4>     LOC=D9   | IOSTANDARD=LVCMOS33 ; # out
NET SDR_A<5>     LOC=D10  | IOSTANDARD=LVCMOS33 ; # out
NET SDR_A<6>     LOC=D11  | IOSTANDARD=LVCMOS33 ; # out
NET SDR_A<7>     LOC=E5   | IOSTANDARD=LVCMOS33 ; # out
NET SDR_A<8>     LOC=E6   | IOSTANDARD=LVCMOS33 ; # out
NET SDR_A<9>     LOC=E7   | IOSTANDARD=LVCMOS33 ; # out
NET SDR_A<10>    LOC=E8   | IOSTANDARD=LVCMOS33 ; # out
NET SDR_A<11>    LOC=E9   | IOSTANDARD=LVCMOS33 ; # out
NET SDR_BA<0>    LOC=C10  | IOSTANDARD=LVCMOS33 ; # out
NET SDR_BA<1>    LOC=C11  | IOSTANDARD=LVCMOS33 ; # out
NET SDR_RAS_N    LOC=C6   | IOSTANDARD=LVCMOS33 ; # out
NET SDR_WE_N     LOC=C5   | IOSTANDARD=LVCMOS33 ; # out
NET SDR_CAS_N    LOC=C7   | IOSTANDARD=LVCMOS33 ; # out
NET SDR_CKE      LOC=A12  | IOSTANDARD=LVCMOS33 ; # out
NET SDR_CLK      LOC=E11  | IOSTANDARD=LVCMOS33 ; # out
NET SDR_CS_N     LOC=F6   | IOSTANDARD=LVCMOS33 ; # out
NET SDR_DQM<0> LOC=A13  | IOSTANDARD=LVCMOS33 ; # out
NET SDR_DQM<1> LOC=A14  | IOSTANDARD=LVCMOS33 ; # out
NET SDR_DQM<2> LOC=A15  | IOSTANDARD=LVCMOS33 ; # out
NET SDR_DQM<3> LOC=A16  | IOSTANDARD=LVCMOS33 ; # out
NET SDR_DQ<0>    LOC=B13  | IOSTANDARD=LVCMOS33 ; # inout
NET SDR_DQ<1>    LOC=B14  | IOSTANDARD=LVCMOS33 ; # inout
NET SDR_DQ<2>    LOC=B15  | IOSTANDARD=LVCMOS33 ; # inout
NET SDR_DQ<3>    LOC=B16  | IOSTANDARD=LVCMOS33 ; # inout
NET SDR_DQ<4>    LOC=B17  | IOSTANDARD=LVCMOS33 ; # inout
NET SDR_DQ<5>    LOC=B18  | IOSTANDARD=LVCMOS33 ; # inout
NET SDR_DQ<6>    LOC=B19  | IOSTANDARD=LVCMOS33 ; # inout
NET SDR_DQ<7>    LOC=B20  | IOSTANDARD=LVCMOS33 ; # inout
NET SDR_DQ<8>    LOC=A18  | IOSTANDARD=LVCMOS33 ; # inout
NET SDR_DQ<9>    LOC=C13  | IOSTANDARD=LVCMOS33 ; # inout
NET SDR_DQ<10> LOC=C16  | IOSTANDARD=LVCMOS33 ; # inout
NET SDR_DQ<11> LOC=C17  | IOSTANDARD=LVCMOS33 ; # inout
NET SDR_DQ<12> LOC=C18  | IOSTANDARD=LVCMOS33 ; # inout
NET SDR_DQ<13> LOC=C19  | IOSTANDARD=LVCMOS33 ; # inout
NET SDR_DQ<14> LOC=D12  | IOSTANDARD=LVCMOS33 ; # inout
NET SDR_DQ<15> LOC=D13  | IOSTANDARD=LVCMOS33 ; # inout
NET SDR_DQ<16> LOC=D14  | IOSTANDARD=LVCMOS33 ; # inout
NET SDR_DQ<17> LOC=D15  | IOSTANDARD=LVCMOS33 ; # inout
NET SDR_DQ<18> LOC=D16  | IOSTANDARD=LVCMOS33 ; # inout
```

```
NET SDR_DQ<19> LOC=D17 | IOSTANDARD=LVCMOS33 ; # inout
NET SDR_DQ<20> LOC=D18 | IOSTANDARD=LVCMOS33 ; # inout
NET SDR_DQ<21> LOC=E12 | IOSTANDARD=LVCMOS33 ; # inout
NET SDR_DQ<22> LOC=E13 | IOSTANDARD=LVCMOS33 ; # inout
NET SDR_DQ<23> LOC=E14 | IOSTANDARD=LVCMOS33 ; # inout
NET SDR_DQ<24> LOC=E15 | IOSTANDARD=LVCMOS33 ; # inout
NET SDR_DQ<25> LOC=E16 | IOSTANDARD=LVCMOS33 ; # inout
NET SDR_DQ<26> LOC=E17 | IOSTANDARD=LVCMOS33 ; # inout
NET SDR_DQ<27> LOC=F12 | IOSTANDARD=LVCMOS33 ; # inout
NET SDR_DQ<28> LOC=F13 | IOSTANDARD=LVCMOS33 ; # inout
NET SDR_DQ<29> LOC=F14 | IOSTANDARD=LVCMOS33 ; # inout
NET SDR_DQ<30> LOC=F16 | IOSTANDARD=LVCMOS33 ; # inout
NET SDR_DQ<31> LOC=F17 | IOSTANDARD=LVCMOS33 ; # inout
```

7 참고자료

[1] Micron Synchronous DRAM MT48LC4M32B2 – 1Meg × 32 × 4banks, Micron 2001.

[2] JEDEC, Synchronous Dynamic Random Access Memory (SDRAM), JEDEC Standard No. 21-C.

[3] SDR SDRAM Controller Specification, Application Note DS-AN-2010-08-002, Dynalith Systems.

8 Audio CODEC[28]

Core–A 개발 보드에 있는 음향 입출력 블록에 대해 상세하게 살펴본다.

1 Core–A 보드의 음향 입출력

Core-A 개발 보드에는 Audio CODEC이 있어서 이를 통해 스피커/헤드폰이나 마이크를 연결하여 음향을 입출력 할 수 있다.

2 Audio CODEC

Core-A 개발 보드에 사용된 Audio CODEC은 AC'97로 알려진 다음 소자를 사용한다.

- National Semiconductor, LM4550B AC'97 Rev 2.1 Multi-Channel Audio Codec with Stereo Headphone Amplifier, Sample Rate Conversion and National 3D Sound, Sept. 2006.

Core-A 개발 보드에 장착된 소자는 'LM4550VH'이며 48-Lead LQFP 패키지를 사용한다.

Audio CODEC의 핀은 아날로그와 디지털로 구분할 수 있고, 주요 핀의 기능은 다음과 같다. 낮은 전압 값이 유효한 경우 신호 이름 뒤에 '_N'을 붙여서 구별한다.

[28] Audio Coder and Decoder

- **아날로그 핀**
  - PC_BEEP
  - PHONE
  - AUX_L, AUX_R
  - VIDEO_L, VIDEO_R
  - CD_L, CD_R
  - MIC1, MIC2
  - LINE_IN_L, LINE_IN_R
  - LINE_OUT_L, LINE_OUT_R
  - MONO_OUT
  - HP_OUT_L, HP_OUT_C, HP_OUT_R
- **디지털 핀**
  - XTL_IN, XTL_OUT
  - SDATA_IN
  - SDATA_OUT
  - BIT_CLK: 12.288Mhz
  - SYNC
  - RESET_N
  - ID_N[1:0]
  - EAPD
  - CIN

Core-A 보드 사용자 입장에서 FPGA와 연결된 디지털 핀들이 중요하므로 이들에 대해서만 설명한다.

3 Audio CODEC과 FPGA 연결

[그림 1]에 Audio CODEC과 FPGA 사이의 연결에 대해 정리하였다.

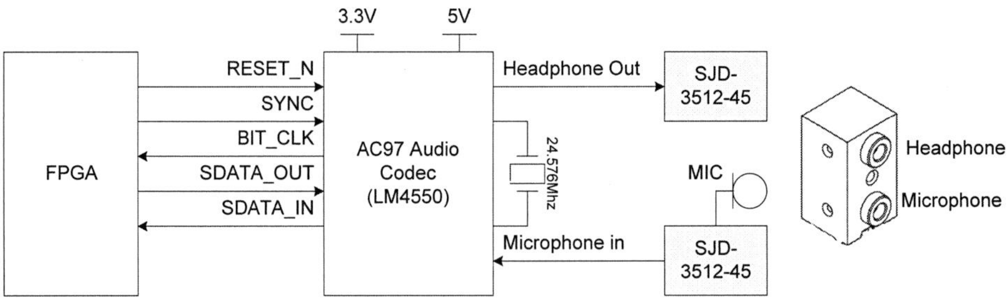

[그림 1] FPGA–Video DAC연결도

[표 1]에 Audio CODEC과 FPGA 사이의 핀 연결에 대해 정리하였고, 신호의 방향은 FPGA 입장에서 기술하며, 이들 신호 이름은 iNSPIRE에서 사용한 것과 동일하다.

[표 1] FPGA–Audio Codec 핀 연결

Signal name	Width	Direction	FPGA pin	Remarks
AUDIO_BIT_CLK	1	In	AA11	
AUDIO_RESET_N	1	Out	W3	
AUDIO_SDATA_IN	1	In	Y1	
AUDIO_SDATA_OUT	1	Out	Y2	
AUDIO_SYNC	1	Out	W4	

4 Audio CODEC 인터페이스

Core-A 개발 보드에 장착된 음향 출력 소자는 업계 표준인 AC-Link를 통해 제어된다. AC-Link를 통해 전송되는 정보는 프레임(256비트)으로 구분되며, 한 프레임은 13개 슬롯으로 구성된다. SYNC 신호가 프레임의 시작을 구분하고, SYNC 신호가 높은 전압 상태에서 전달되는 0번 슬롯은 태그 슬롯이며 16-비트로 구성되고 이어지는 슬롯의 유효성을 표시한다. 태그 슬롯 이후, 20-비트로 구성되는 12개 슬롯이 전송된다. 모든 정보는 SDATA_IN과 SDATA_OUT이라는 두 개 신호선을 통해 양방향으로 진행된다.

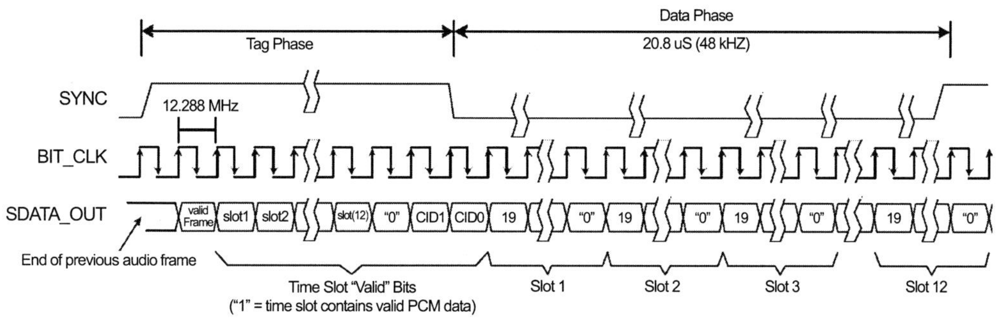

[그림 2] AC-Link 출력 파형

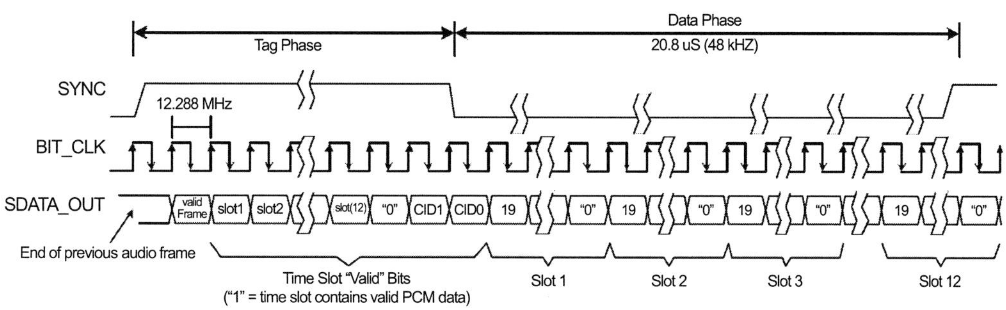

[그림 3] AC-Link 입력 파형

5 Audio 제어기 설계

[그림 1]에서 설명한 바와 같이 FPGA에 연결된 Audio CODEC을 사용하기 위해서는 [그림 4]에서와 같이 FPGA에 Audio CODEC을 제어할 제어 블록이 필요하며, 이 제어 블록은 [그림 2]에서 설명한 AC-Link 프로토콜에 맞도록 신호를 정확하게 구동해야 한다. 오디오 제어기에 대한 상세한 내용은 참고자료 [3]을 참조한다.

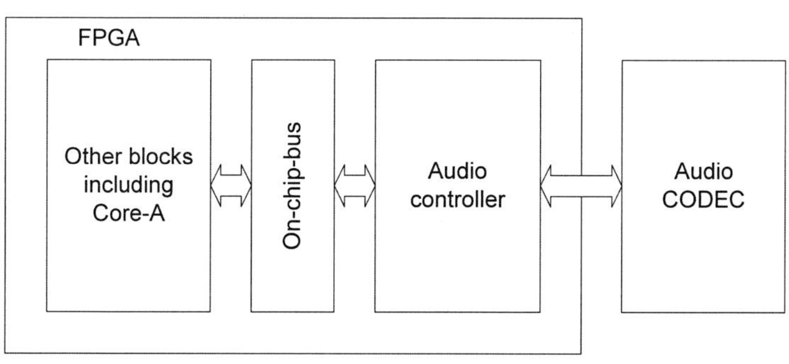

[그림 4] Audio 제어기와 audio codec

6 UCF

```
NET AUDIO_SDATA_OUT LOC=Y2   | IOSTANDARD=LVCMOS33 ; # out
NET AUDIO_SYNC      LOC=W4   | IOSTANDARD=LVCMOS33 ; # out
NET AUDIO_RESET_N   LOC=W3   | IOSTANDARD=LVCMOS33 ; # out
NET AUDIO_SDATA_IN  LOC=Y1   | IOSTANDARD=LVCMOS33 ; # in
NET AUDIO_BIT_CLK   LOC=AA11 | IOSTANDARD=LVCMOS33 ; # in
```

Xilinx ISE 10.1 또는 이후 버전을 사용할 경우 다음 UCF를 추가한다.

```
NET AUDIO_BIT_CLK  CLOCK_DEDICATED_ROUTE = FALSE;
```

7 참고자료

[1] National Semiconductor, LM4550B AC'97 Rev 2.1 Multi-Channel Audio Codec with Stereo Headphone Amplifier, Sample Rate Conversion and National 3D Sound, Sept. 2006.

[2] Intel Corporation, Audio Codec '97, Rev. 2.3, April 2002.

[3] 기안도, Core-A 프로세서를 활용한 플랫폼 설계, 제7장 음향출력플랫폼, 홍릉과학출판사, 2010.

9 Video DAC[29]

Core-A 개발 보드에 있는 영상 출력 블록에 대해 상세하게 살펴본다.

1 Core-A 보드의 영상 출력

Core-A 개발 보드에는 Video DAC가 있어서 이를 통해 아날로그 신호를 지원하는 모니터에 영상을 출력할 수 있다.

2 Video DAC

Core-A 개발 보드에 사용된 Video DAC는 8-비트 디지털 색 정보를 아날로그 신호로 변환하는 DAC가 3개 내장된 것이다.

- Analog Devices, CMOS, 330MHz, Tripple 8-bit high speed video DAC: ADV7125

Core-A 개발 보드에 장착된 소자는 'ADV7125-KSTZ140'이며 48-pin LQFP 패키지를 사용하고 산업용(Industrial) 온도 환경[30]을 지원하며 최대 140Mhz까지 동작한다.

Video DAC의 주요 핀의 기능은 다음과 같다. 낮은 전압 값이 유효한 경우 신호 이름 뒤에 '_N'을 붙여서 구별한다.

---

[29] Video Digital Analog Converter
[30] -40° ~ +85°C

- G[7:0], B[7:0], R[7:0]: Green, Blue, Red pixel data – 0-th bit is lsb.
- BLANK_N: 낮은 전압이 인가되면 R/G/B 디지털 입력이 무시되고, 아날로그 출력 IOG/IOB/IOR 신호는 blank-level이 된다.
- SYNC_N: 내부적으로 IOG와 연결되어 있고, 사용하지 않는 경우 낮은 전압으로 인가해 준다.
- CLOCK: 상승 모서리에서 G/B/R, SYNC_N, BLANK_N 신호 값을 래치하여 사용한다.
- PSAVE_N: Power Save – 낮은 전압이 인가되면 Video DAC는 비활성화된다.
- IOR/IOG/IOB: 아날로그 출력 신호
- IOR_N/IOG_N/IOB_N: 사용하지 않을 경우 GND에 연결한다.
- V_{REF}: Voltage reference input for DAC
- R_{SET}: 연결되는 저항 값에 따라 아날로그 비디오 신호의 크기를 결정한다.

비디오 출력에는 위 신호 외에 추가로 VSYNC와 HSYNC 신호가 필요하고 이들은 FPGA에서 비디오용 콘넥터로 연결된다. Video DAC의 SYNC_N 신호는 VSYNC와 HSYNC를 논리 합(OR)한 후, 반전시킨 신호를 사용한다.

3 Video DAC-FPGA 연결

[그림 1]에 보인 바와 같이 일부 핀은 Core-A VIO용 GPIO와 공유한다. VSYNC와 HSYNC는 FPGA에서 영상 출력 콘넥터로 연결된다.

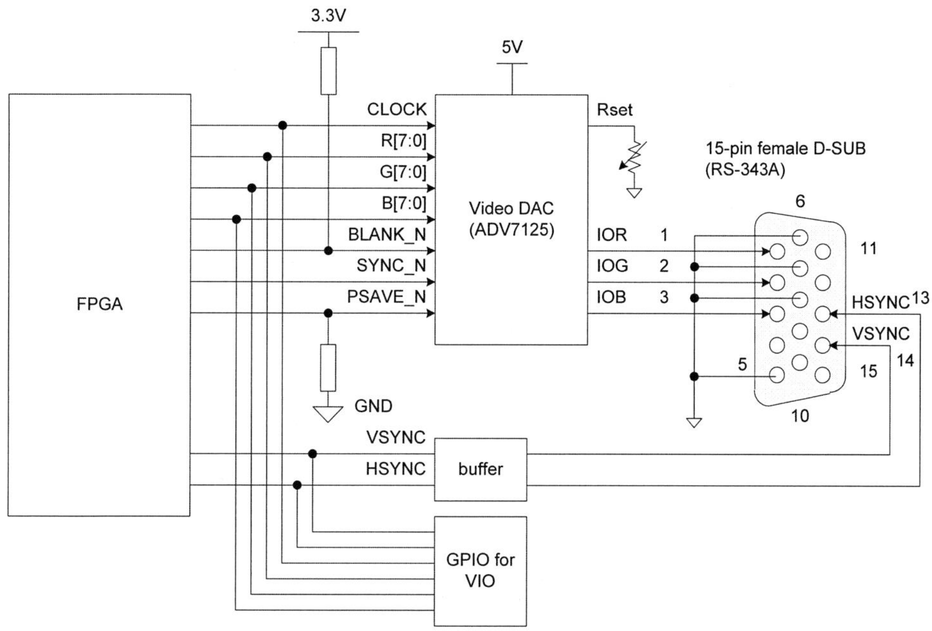

[그림 1] FPGA–Video DAC연결도

[표 1]에 Video DAC와 FPGA 사이의 핀 연결에 대해 정리하였고, 신호의 방향은 FPGA 입장에서 기술하며, 이들 신호 이름은 iNSPIRE에서 사용한 것과 동일하다.

[표 1] FPGA–Video DAC 핀 연결

Signal name	Width	Direction	FPGA pin	Remarks
VIDEO_B	8	Out	R4, R2, R1, P6, P5, P4, P2, P1	bit 7 to bit 0
VIDEO_BLANK_N	1	Out	M3	
VIDEO_CLOCK	1	Out	L3	
VIDEO_G	8	Out	N6, N5, N4, N3, N2, N1, M6, M5	bit 7 to bit 0
VIDEO_HSYNC	1	Out	L6	
VIDEO_PSAVE_N	1	Out	M4	
VIDEO_R	8	Out	L2, L1, K6, K5, K4, K3, K2, K1	bit 7 to bit 0
VIDEO_SYNC_N	1	Out	L4	
VIDEO_VSYNC	1	Out	L5	

4 Video DAC 인터페이스

Video DAC는 일반적인 VSYNC/HSYNC와 무관하게 CLOCK의 상승 모서리에 R/G/B 신호선에 입력된 디지털 값을 아날로그로 변환한다. 그러나 영상 출력 모니터는 VSYNC/HSYNC 신호에 의해 화면에 영상 정보를 출력하므로 다음과 같은 상관 관계를 갖도록 Video 제어기에서 출력해야 한다.

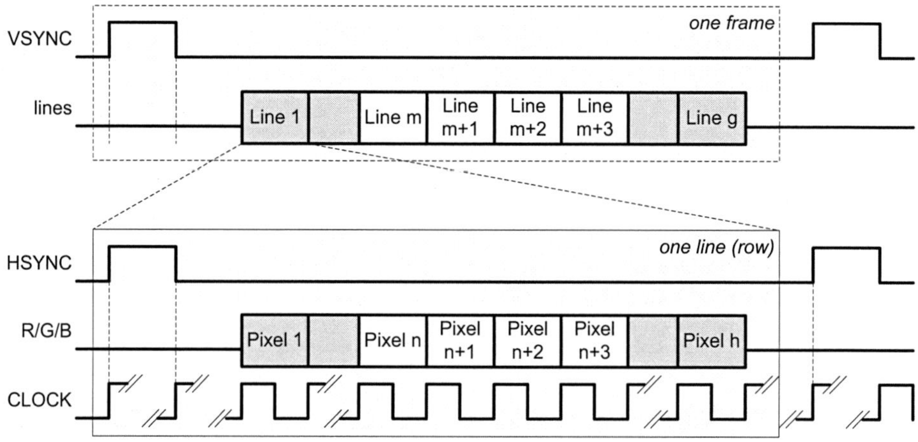

[그림 2] Video DAC 인터페이싱 타이밍도

5 Video 제어기 설계

[그림 1]에서 설명한 바와 같이 FPGA에 연결된 Video DAC를 사용하기 위해서는 [그림 3]에서와 같이 FPGA에 Video DAC를 제어할 제어 블록이 필요하며, 이 제어 블록은 [그림 2]에서 설명한 타이밍에 맞도록 신호를 정확하게 구동해야 한다. 아울러 비디오 정보는 일정 속도로 계속 공급되어야 하므로 프레임 메모리를 사용한다. 비디오 제어기에 대한 상세한 내용은 참고자료 [3]을 참조한다.

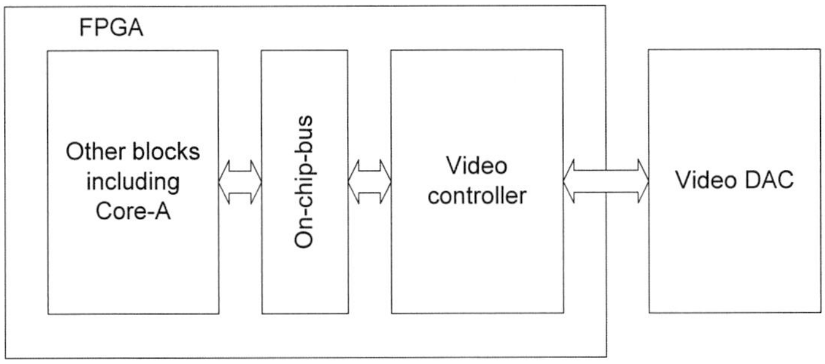

[그림 3] Video 제어기와 Video DAC

6 UCF

```
NET VIDEO_BLANK_N  LOC=M3 | IOSTANDARD=LVCMOS33 ; # out
NET VIDEO_SYNC_N   LOC=L4 | IOSTANDARD=LVCMOS33 ; # out
NET VIDEO_CLOCK    LOC=L3 | IOSTANDARD=LVCMOS33 ; # out
NET VIDEO_PSAVE_N  LOC=M4 | IOSTANDARD=LVCMOS33 ; # out
NET VIDEO_G<0>     LOC=M5 | IOSTANDARD=LVCMOS33 ; # out
NET VIDEO_G<1>     LOC=M6 | IOSTANDARD=LVCMOS33 ; # out
NET VIDEO_G<2>     LOC=N1 | IOSTANDARD=LVCMOS33 ; # out
NET VIDEO_G<3>     LOC=N2 | IOSTANDARD=LVCMOS33 ; # out
NET VIDEO_G<4>     LOC=N3 | IOSTANDARD=LVCMOS33 ; # out
NET VIDEO_G<5>     LOC=N4 | IOSTANDARD=LVCMOS33 ; # out
NET VIDEO_G<6>     LOC=N5 | IOSTANDARD=LVCMOS33 ; # out
NET VIDEO_G<7>     LOC=N6 | IOSTANDARD=LVCMOS33 ; # out
NET VIDEO_B<0>     LOC=P1 | IOSTANDARD=LVCMOS33 ; # out
NET VIDEO_B<1>     LOC=P2 | IOSTANDARD=LVCMOS33 ; # out
NET VIDEO_B<2>     LOC=P4 | IOSTANDARD=LVCMOS33 ; # out
NET VIDEO_B<3>     LOC=P5 | IOSTANDARD=LVCMOS33 ; # out
NET VIDEO_B<4>     LOC=P6 | IOSTANDARD=LVCMOS33 ; # out
NET VIDEO_B<5>     LOC=R1 | IOSTANDARD=LVCMOS33 ; # out
NET VIDEO_B<6>     LOC=R2 | IOSTANDARD=LVCMOS33 ; # out
NET VIDEO_B<7>     LOC=R4 | IOSTANDARD=LVCMOS33 ; # out
NET VIDEO_R<0>     LOC=K1 | IOSTANDARD=LVCMOS33 ; # out
NET VIDEO_R<1>     LOC=K2 | IOSTANDARD=LVCMOS33 ; # out
NET VIDEO_R<2>     LOC=K3 | IOSTANDARD=LVCMOS33 ; # out
NET VIDEO_R<3>     LOC=K4 | IOSTANDARD=LVCMOS33 ; # out
NET VIDEO_R<4>     LOC=K5 | IOSTANDARD=LVCMOS33 ; # out
NET VIDEO_R<5>     LOC=K6 | IOSTANDARD=LVCMOS33 ; # out
NET VIDEO_R<6>     LOC=L1 | IOSTANDARD=LVCMOS33 ; # out
NET VIDEO_R<7>     LOC=L2 | IOSTANDARD=LVCMOS33 ; # out
NET VIDEO_VSYNC    LOC=L5 | IOSTANDARD=LVCMOS33 ; # out
NET VIDEO_HSYNC    LOC=L6 | IOSTANDARD=LVCMOS33 ; # out
```

7 참고자료

[1] Analog Devices, CMOS, 330MHz, Tripple 8-bit high speed video DAC: ADV7125.

[2] 기안도, Core-A 프로세서를 활용한 플랫폼 설계, 제6장 영상출력플랫폼, 홍릉과학출판사, 2010.

[3] Dynalith Systems, Video Controller Specification, Application Note, 2009.

10 Character LCD[31]

Core-A 개발 보드에 있는 영상 출력 블록에 대해 상세하게 살펴본다.

1 Core-A 보드의 문자 출력 LCD

Core-A 개발 보드에는 문자 출력 LCD가 있어서 이를 통해 문자열을 출력할 수 있다.

2 Character LCD

Core-A 개발 보드에 사용된 문자출력 LCD는 16글자가 출력되는 두 개 라인을 지원한다. 각 글자는 5×8 점으로 구성된다.

- Palm Tech., PMC1602C, LCD module.

내부에 8-비트 폭의 레지스터가 두 개있다.

- **IR(Instruction Register):** 쓰기 전용이며, 명령어 코드 또는 LCD의 데이터 또는 글자 메모리의 주소가 저장된다.
- **DR(Data Register):** 읽고 쓰기가 가능하며, 데이터 또는 글자 메모리의 데이터가 저장된다.

문자 출력 LCD의 주요 핀의 기능은 다음과 같다. 낮은 전압 값이 유효한 경우

31 Character Liquid Crystal Display

신호 이름 뒤에 '_N'을 붙여서 구별한다.

- RS: '0'이면 IR, '1'이면 DR이 선택된다.
- RW: '0'이면 쓰기, '1'이면 읽기
- E: '1'인 경우 다른 신호들이 유효하다.
- DB[7:0]: 데이터 신호

3 Character LCD와 FPGA 연결

[그림 1]에 보인 바와 같이 문자 출력 LCD와 FPGA가 연결된다.

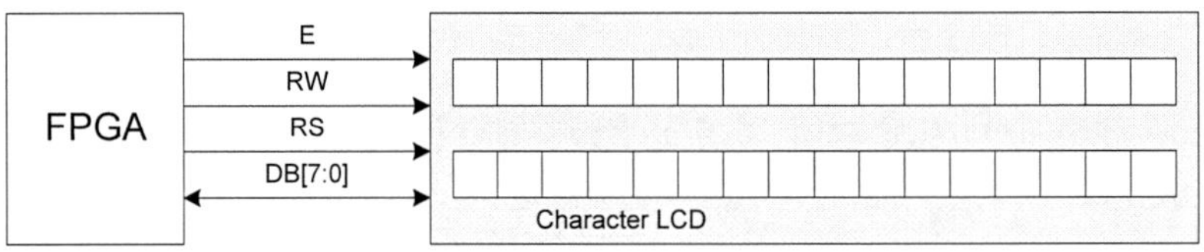

[그림 1] FPGA-Character LCD연결도

[표 1]에 문자출력 LCD와 FPGA 사이의 핀 연결에 대해 정리하였고, 신호의 방향은 FPGA 입장에서 기술하며, 이들 신호 이름은 iNSPIRE에서 사용한 것과 동일하다.

[표 1] FPGA-Video DAC 핀 연결

Signal name	Width	Direction	FPGA pin	Remarks
TLCD_RW	1	Out	G20	
TLCD_RS	1	Out	G19	
TLCD_E	1	Out	G18	
TLCD_DB[7:0]	8	In/Out	G17, F21, F20, F19, F18, E22, E21, E20	bit 7 to bit 0

4 Character LCD 인터페이스

E 신호가 높은 전압인 구간에서 RS와 RW 신호에 따라 DB에 데이터를 구동하는 쪽이 결정된다. 즉, RW가 '0'이면 FPGA에서 데이터를 구동하고, '1'이면 문자 출력

LCD에서 데이터를 구동한다. 클럭 없이 동작한다는 점에 주의해야 하고, 각 신호들의 셋업과 홀드 시간 규격에 맞도록 신호들이 구동되어야 한다. 특히 'T_{CYCLE}'로 표시된 시간의 최소 값이 1.2msec이므로 연속하여 동작을 할 경우, 각 참조 사이에 충분한 시간 간격을 보장해야 한다. 또한 'T_{PWEH}'로 표시된 시간의 최소 값이 480nsec이므로 이 시간도 충분하게 유지해야 한다.

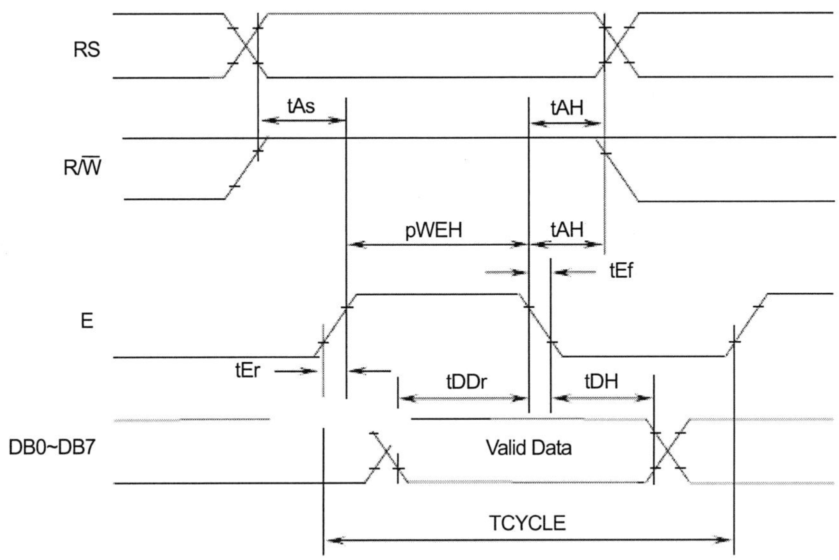

[그림 2] 문자출력 LCD 인터페이싱 타이밍도

5 Character LCD 제어기 설계

[그림 1]에서 설명한 바와 같이 FPGA에 연결된 문자 출력 LCD를 사용하기 위해서는 [그림 3]에서와 같이 FPGA에 문자 출력 LCD를 제어할 제어 블록이 필요하다.

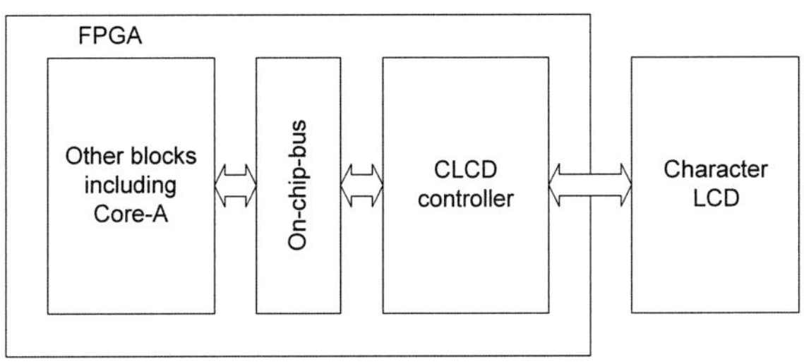

[그림 3] CLCD 제어기

6 UCF

```
NET TLCD_RW     LOC=G20 | IOSTANDARD=LVCMOS33 ; # out
NET TLCD_RS     LOC=G19 | IOSTANDARD=LVCMOS33 ; # out
NET TLCD_E      LOC=G18 | IOSTANDARD=LVCMOS33 ; # out
NET TLCD_DB<0> LOC=E20 | IOSTANDARD=LVCMOS33 ; # inout
NET TLCD_DB<1> LOC=E21 | IOSTANDARD=LVCMOS33 ; # inout
NET TLCD_DB<2> LOC=E22 | IOSTANDARD=LVCMOS33 ; # inout
NET TLCD_DB<3> LOC=F18 | IOSTANDARD=LVCMOS33 ; # inout
NET TLCD_DB<4> LOC=F19 | IOSTANDARD=LVCMOS33 ; # inout
NET TLCD_DB<5> LOC=F20 | IOSTANDARD=LVCMOS33 ; # inout
NET TLCD_DB<6> LOC=F21 | IOSTANDARD=LVCMOS33 ; # inout
NET TLCD_DB<7> LOC=G17 | IOSTANDARD=LVCMOS33 ; # inout
```

7 참고자료

[1] Palm Tech., PMC1602C, LCD module.

11 Serial

Core-A 개발 보드에 있는 직렬 통신 채널에 대해 상세하게 살펴본다.

1 Core-A 보드의 직렬 통신 채널

Core-A 개발 보드에는 RS-232C 물리 규격에 준하는 라인 구동기(Line Driver)가 있어서 이를 통해 직렬 통신을 할 수 있다.

2 Line driver

Core-A 개발 보드에는 0~3.3V 입력 신호를 약 13.5 ~ –13.5V로 변환 출력하고, –25~25V입력 신호를 6~0V로 변환 출력하는 라인 구동기가 장착되어 있다. 모든 입출력은 반전된다.

3 D-Sub 9-pin male connector

RS-232C 포트로 사용하기 위한 9-핀 수컷 형태의 콘넥터 D-Sub 9-pin 또는 DB9 Male이 있다. 5번 핀은 GND에 고정되며, 2번과 3번은 점퍼로 송신과 수신을 지정할 수 있다.

Core-A 개발 보드는 통상 프로세서가 내장된 컴퓨터로 동작할 것이므로 2번 핀을 수신으로, 3번 핀을 송신으로 사용하는 DTE(Data Terminal Equipment)에 준하여 사용하는 것을 기본으로 한다.

4 Line driver와 FPGA 연결

Core-A 개발 보드에는 DB9 Male 커넥터가 설치되어 있고, JP2의 점퍼 설정을 통하여 RS232 커넥터에 연결되는 신호선을 선택할 수 있다. 기본적으로 9-pin 숫놈 커넥터를 사용한다.

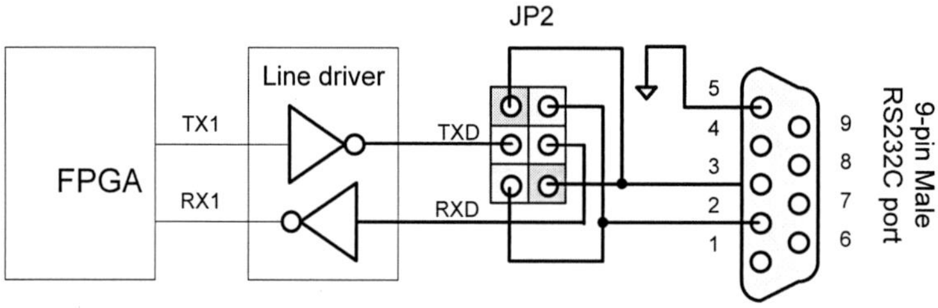

[그림 1] FPGA-Line Driver연결도

[표 1]에 라인구동기와 FPGA 사이의 핀 연결에 대해 정리하였고, 신호의 방향은 FPGA 입장에서 기술하며, 이들 신호 이름은 iNSPIRE에서 사용한 이름과 동일하다.

[표 1] FPGA-Line driver 핀 연결

Signal name	Width	Direction	FPGA pin	Remarks
UART_RX1	1	In	E18	
UART_TX1	1	Out	E19	

5 점퍼 연결

Core-A 개발 보드의 왼쪽 하단에 RS-232C 포트의 입출력 핀의 신호 방향을 선택할 수 있도록 점퍼가 있다. 점퍼를 위쪽 두 핀을 연결하도록 하면 RS-232C 포트의 3번 핀이 출력이 되고, 2번 핀이 입력이 된다. 반대로, 점퍼를 아래쪽 두 핀을 연결하도록 하면 RS-232C 포트의 3번 핀이 입력이 되고, 2번 핀이 출력이 된다. 참고로 일반 Windows 호스트 컴퓨터에는 있는 직렬 포트는 9-핀 숫놈 콘넥터로 2번 핀이 입력이고 3번 핀이 출력이다. 따라서 Core-A 개발 보드의 점퍼 구성 2로 하고 일대일로 연결하거나, 점퍼 구성 1로 하고 2번과 3번을 교차하여 연결한다.

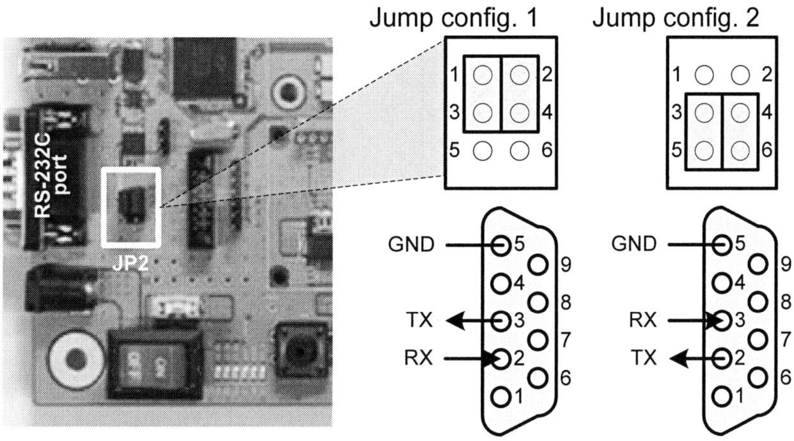

[그림 2] RS-232C 점퍼 연결

6 직렬통신 제어기 설계

[그림 1]에서 설명한 바와 같이 FPGA에 연결된 라인구동기를 사용하기 위해서는 [그림 3]에서와 같이 FPGA에 직렬통신제어기 블록이 필요하며, 이 제어 블록을 통상 UART(Universal Asynchronous Receiver and Transmitter)라 한다.

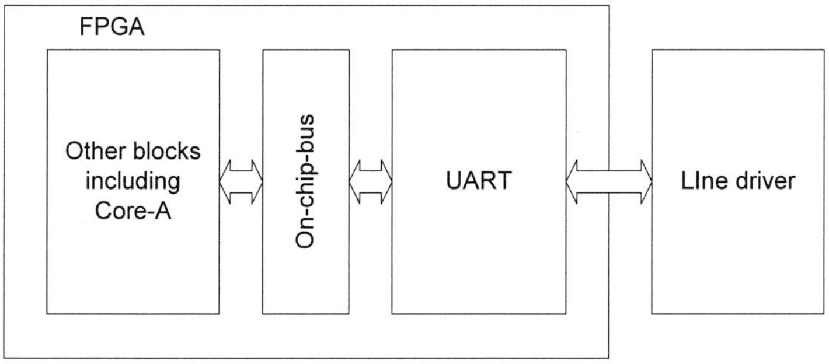

[그림 3] UART

7 UCF

```
NET UART_RX1 LOC=E18 | IOSTANDARD=LVCMOS33; # in
NET UART_TX1 LOC=E19 | IOSTANDARD=LVCMOS33; # out
```

8 참고자료

[1] TI, MAX3232, 3-V to 5.5-V Multichannel RS-232 Line Driver/Receiver with +/-15-kV ESD Protection, 2004.

[2] Electronics Industries Association, "EIA Standard RS-232-C Interface Between Data Terminal Equipment and Data Communication Equipment Employing Serial Data Interchange", August 1969

[3] 기안도, 시스템집적반도체 설계검증 환경과 기법, 제9장 직렬통신 제어기 검증, 홍릉과학출판사, 2008.

12 Ethernet

Core–A 개발 보드에 있는 이더넷 블록에 대해 상세하게 살펴본다.

1 Core–A 보드의 이더넷

Core-A 개발 보드에는 Ethernet PHY가 있어서 이를 통해 이더넷 통신을 할 수 있다.

2 Ethernet PHY

Core-A 개발 보드에는 10/100M Fast Ethernet Phyceiver를 사용한다. 사용하는 부품은 RTL8201CP이며, 제조사는 REALTEK이다.

- Realtek, Single-Chip/Single-Port 10/100M Fast Ethernet Phycceiver: RTL8201.

Core-A 개발 보드에 장착된 소자는 'RTL8201CP'이며 48-pin LQFP 패키지를 사용하고 송수신 신호핀의 위치[32]를 자동으로 판단하고, MII(Media Independent Interface)와 7핀 SNI(Serial Network Interface)를 지원한다.

Ethernet의 주요 핀의 기능은 다음과 같다. 낮은 전압 값이 유효한 경우 신호 이름 뒤에 '_N'을 붙여서 구별한다. 크게 일곱 가지 묶음으로 구분한다.

[32] Auto crossover detection

- MII: Media Independent Interface – SNI와 많은 핀을 공유한다.
  - TXC: Transmit Clock
  - TXEN: Transmit Enable
  - TXD[3:0]: Transmit Data
  - RXC: Receive Clock
  - COL: Collision Detect
  - CRS: Carrier Sense
  - RSDV: Receive Data Valid
  - RXD[3:0]: Receive Data
  - RXER/FXEN: Receive Error
  - MDC: Management Data Clock
  - MDIO: Management Data Input/Output
- SNI: Serial Network Interface) – MII와 공유한다.
  - COL: Collision Detect
  - RXD[0]: Received Serial Data
  - CRS: Carrier Sense
  - RXC: Receive Clock
  - TXD[0]: Transmit Serial Data
  - TXC: Transmit Clock
  - TXEN: Transmit Enable
- Clock
  - X1/X2: 100Mbps를 지원하기 위해서는 25Mhz 클럭를 사용해야 하고, 10Mbps 만 지원할 경우 2.5Mhz 클럭 사용
    - 25Mhz 연결
- Network: Ethernet 매체에 연결되는 핀들
  - TPTX_P/TPTX_N: 출력 차동 신호 (Differential signal)
  - TPRX_P/TPRX_N: 입력 차동 신호(Differential signal)
  - RTSET: Transmit Bias Register Connection
- Device configuration
  - ISOLATE: 높은 전압이면 해당 PHY가 MAC(Media Access Controller)로부터 분리된다. 낮은 전압으로 묶여 있다.
  - RPTR: 높은 전압이면 리피터(repeater) 모드가 된다.
  - SPEED: 초기화 시점에 높은 전압이면 100Mbps로 설정 된다. 낮은 전압으로

묶여있다.

- ◦ DUPLEX: 초기화 시점에 높은 전압이면 양방향 멀티플렉스(full duplex) 모드가 된다. 높은 전압으로 묶여 있다.
- ◦ ANE: 초기화 시점에 높은 전압이면 자동협상(auto negotiation) 모드가 되고, 낮은 전압이면 특정 모드로 설정된다. 낮은 전압으로 묶여 있다.
- ◦ LDPS: 높은 전압이면 'Link Down, Power Saving, Isolation Mode'가 된다. 낮은 전압으로 연결되어 있다.
- ◦ MII_SNIB: 초기화 시점에 높은 전압이면 MII 인터페이스를 사용하고, 낮은 전압이면 SNI 인터페이스를 사용한다. 낮은 전압으로 연결되어 있다.

- LED & PHY address
  - ◦ PHYAD_LED[4:0]: RESET_N이 낮은 전압인 초기화 동안 MII의 물리주소를 결정한다. 정상상태에서는 상태를 나타내는 LED 구동에 사용된다.
    - ▪ '4'b00001'로 설정되어 있다.
- Reset and other
  - ◦ RESET_N (RESETB): 낮은 전압 값인 경우 칩이 초기화 된다. 최소 10msec를 낮은 전압 값으로 유지해야 되며, 낮은 전압 값인 동안 여러 신호선들에 의해 내부 상태가 결정된다. 높은 전압으로 묶여있다.

3 Ethernet PHY와 FPGA 연결

FPGA와 Ethernet PHY 사이는 MII 규격에 따라 연결된다. Ethernet PHY는 외부에서 25MHz 클럭을 받아서 사용하고 RJ45 커넥터와 TX/RX Differential 신호로 연결되어있다. Ethernet PHY에는 PHYAD[4:0]의 어드레스 신호가 있으며, 하나의 MAC에 최대 31개의 PHY를 연결할 수 있게 한다. Core-A 개발보드에는 PHYAD[4:0]의 값이 5'h1으로 고정되어 있다.

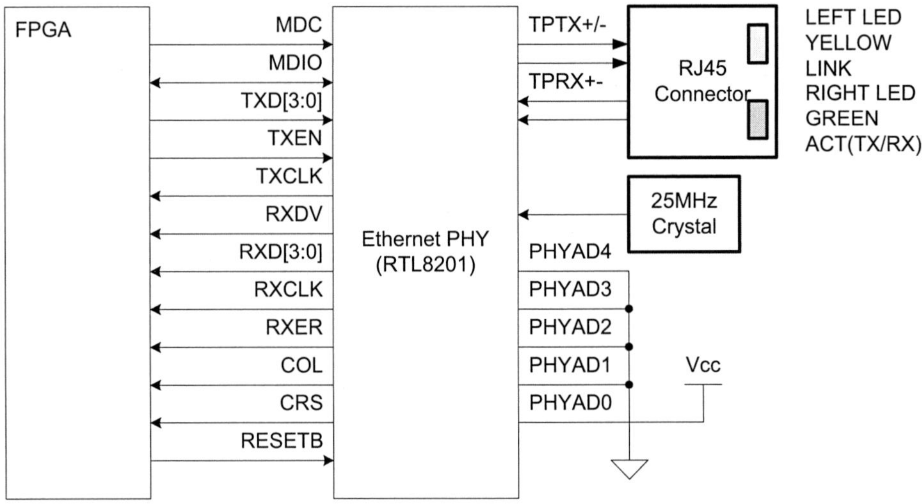

[그림 1] FPGA-Ethernet PHY연결도

[표 1]에 이더넷 PHY와 FPGA 사이의 핀 연결에 대해 정리하였고, 신호의 방향은 FPGA 입장에서 기술하며, 이들 신호 이름은 iNSPIRE에서 사용한 이름과 동일하다.

[표 1] FPGA-Ethernet PHY 핀 연결

Signal name	Width	Direction	FPGA pin	Remarks
ETH_RESET_N	1	Out	R5	
ETH_MDC	1	Out	T1	
ETH_MDIO	1	In/Out	T2	
ETH_TXD[3:0]	4	Out	F6, T5, T4, T3	3 to 0
ETH_TXEN	1	Out	U2	
ETH_RXDV	1	In	U4	
ETH_RXD[3:0]	4	In	V3,V2, V1, U5	3 to 0
ETH_COL	1	In	V5	
ETH_CRS	1	In	W1	
ETH_RXER	1	In	W2	
ETH_RXCLK	1	In	C12	
ETH_TXCLK	1	In	B12	

4 Ethernet PHY 인터페이스

MII(Media Independent Interface)는 여러 종류의 PHY와 MAC(Media Access

Controller)사이의 연동을 위한 표준 버스이다. 즉, MII 표준을 따르게 되면 동축케이블, UTP(Unshielded Twisted Pair), 광케이블(Fiber optic)등 어떤 PHY와도 동일한 인터페이스로 연동할 수 있게 된다. MII는 양방향으로 네 개 데이터 신호선을 사용하며 100Mbps를 위해 25Mhz로 동작해야 된다. 또한 PHY의 제어 및 관리를 위해 직렬 인터페이스(SMI: Serial Management Interface)를 사용하고, 몇 가지 레지스터 묶음을 기본으로 사용한다. 즉, 이들 레지스터들이 PHY에서 제공되어야 하고, SMI를 통해 참조되어야 한다.

- Basic Mode Configuration (#0)
- Status Word (#1)
- PHY Identification (#2, #3)
- Ability Advertisement (#4)
- Link Partner Ability (#5)
- Auto Negotiation Expansion (#6)

SMI는 MDC와 MDIO 신호선을 이용하여 MAC이 PHY를 제어한다. 최대 31개 PHY를 제어할 수 있다. SMI 패킷은 값이 1인 연속 32-비트인 PREAMBLE을 보냄으로써 MAC와 PHY가 동기를 맞춘다. '01'로 구성되는 2-비트 ST를 통해 프레임이 시작된다. 2-비트로 구성되는 OP 필드에서 읽기(10)와 쓰기(01)을 구분한다. 5-비트인 PHYAD로 특정 PHY를 지정한다. 5-비트인 REGAD로 32 개 레지스터 중 하나를 지정한다. 2-비트로 구성되는 TA로 MDIO 신호선의 구동 충돌을 방지한다. 16-비트인 DATA가 읽기인 경우 PHY가 구동하고, 쓰기인 경우 MAC이 구동한다.

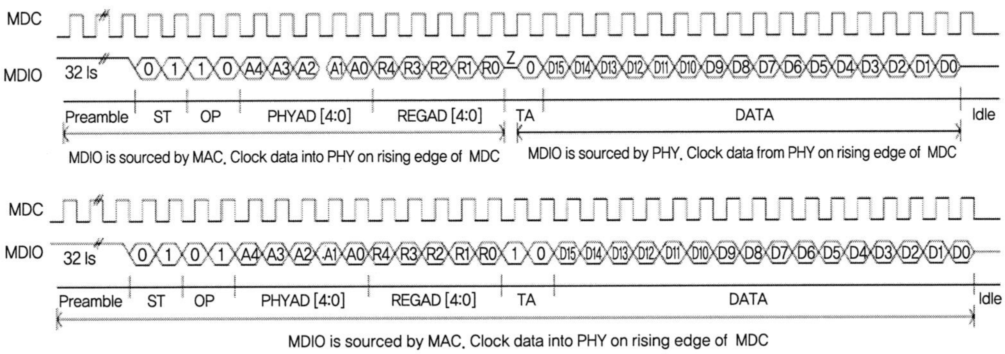

[그림 2] SMI 타이밍도: 위쪽은 읽기, 아래쪽은 쓰기

5 Ethernet 제어기 설계

[그림 1]에서 설명한 바와 같이 FPGA에 연결된 이더넷 PHY를 사용하기 위해서는 [그림 3]에서와 같이 FPGA에 이더넷 PHY를 제어할 제어 블록이 필요하며, 이 제어 블록을 MAC이라 하고, MII를 통해 PHY와 통신하여 제어한다.

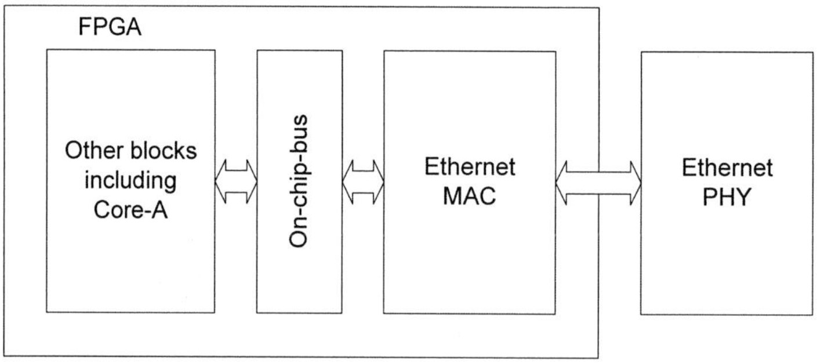

[그림 3] Ethernet PHY와 MAC

6 UCF

```
NET ETH_RESET_N LOC=R5  | IOSTANDARD=LVCMOS33 ; # out
NET ETH_MDC     LOC=T1  | IOSTANDARD=LVCMOS33 ; # out
NET ETH_MDIO    LOC=T2  | IOSTANDARD=LVCMOS33 ; # inout
NET ETH_TXD<0>  LOC=T3  | IOSTANDARD=LVCMOS33 ; # out
NET ETH_TXD<1>  LOC=T4  | IOSTANDARD=LVCMOS33 ; # out
NET ETH_TXD<2>  LOC=T5  | IOSTANDARD=LVCMOS33 ; # out
NET ETH_TXD<3>  LOC=T6  | IOSTANDARD=LVCMOS33 ; # out
NET ETH_TXEN    LOC=U2  | IOSTANDARD=LVCMOS33 ; # out
NET ETH_RXDV    LOC=U4  | IOSTANDARD=LVCMOS33 ; # in
NET ETH_RXD<0>  LOC=U5  | IOSTANDARD=LVCMOS33 ; # in
NET ETH_RXD<1>  LOC=V1  | IOSTANDARD=LVCMOS33 ; # in
NET ETH_RXD<2>  LOC=V2  | IOSTANDARD=LVCMOS33 ; # in
NET ETH_RXD<3>  LOC=V3  | IOSTANDARD=LVCMOS33 ; # in
NET ETH_COL     LOC=V5  | IOSTANDARD=LVCMOS33 ; # in
NET ETH_CRS     LOC=W1  | IOSTANDARD=LVCMOS33 ; # in
NET ETH_RXER    LOC=W2  | IOSTANDARD=LVCMOS33 ; # in
NET ETH_RXCLK   LOC=C12 | IOSTANDARD=LVCMOS33 ; # in
NET ETH_TXCLK   LOC=B12 | IOSTANDARD=LVCMOS33 ; # in
```

7 참고자료

[1] Realtek, Single-Chip/Single-Port 10/100M Fast Etherent Phyceiver, Rev.1.24, Nov. 2005.

[2] IEEE Std. 802.3u-1995, Supplement to Carrier Sense Multiple Access with Collision Detection (CSMA/CD) Access Method and Physical Layer Specifications.

[3] 기안도, Core-A 프로세서를 활용한 플랫폼 설계, 제8장 이더넷플랫폼, 홍릉과학출판사, 2010.

13 USB Controller

Core-A 개발 보드에 있는 USB 블록에 대해 상세하게 살펴본다.

1 Core-A 보드의 USB

Core-A 개발 보드에는 USB 제어기가 있어서 이를 통해 USB 통신을 할 수 있다.

2 USB controller

Core-A 개발 보드에는 USB Host/Peripheral 제어기를 사용한다. 사용하는 부품은 CY7C67300-100AXI이며, 제조사는 Cypress이다.

- Cypress, CY7C67300 EZ-Host Programmable Embedded USB Host and Peripheral Controller with Automatic AEC Grade Support.

두 개의 SIE(Serial Interface Engine)을 통해 총 네 개의 USB 포터를 지원하며, 이중 한 개는 USB OTG(On-The-Go) 프로토콜을 지원하며, 내부에 48Mhz로 동작하는 16-비트 프로세서를 내장하고 있고, 여러 기능으로 사용할 수 있는 최대 32-비트폭의 GPIO가 지원된다.

USB 제어기의 주요 핀의 기능은 다음과 같다. 낮은 전압 값이 유효한 경우 신호 이름 뒤에 '_N'을 붙여서 구별한다.

- USB port
  - DP[3:0]/DN[3:0]

- External memory interface
  - A[15:0]:
  - D[15:0]:
  - CTL[9:0]:
- GPIO options
  - GPIO[31:0]
    - HPI (Host Port Interface), IDE, PWM, HSS, SPI, UART, I2C, OTG로 사용
- Clock
  - X1/X2: 12Mhz clock.
- Reset and other
  - RESET_N:

Core-A 개발 보드에서는 네 개 USB 포트(Port 1A, Port 1B, Port 2A, Port 2B) 중 두 개(Port 1A, Port 2A)를 사용한다. Core-A 개발 보드에서는 GPIO를 HPI 모드와 UART 그리고 I2C 모드로 사용하고, 이들이 FPGA에 연결된다. 외부 메모리 인터페이스는 사용하지 않는다.

USB 제어기용 I2C EEPROM은 MICROCHIP사의 다음 소자를 사용한다.

- MICROCHIP, 24LC128, 128K I^2C CMOS Serial EEPROM

EEPROM의 I2C 주소는 0X50으로 할당한다.

3 USB controller와 FPGA 연결

FPGA와 USB 제어기 사이는 HPI 인터페이스와 I2C 인터페이스로 설정된 GPIO가 연결된다. GPIO 중 UART 모드 핀은 디버깅 목적으로 라인 구동기(line driver)를 통해 핀 헤드로 연결되어 있다. 네 개의 USB 포터 중 두 개가 사용되고, 이 중 하나는 호스트, 다른 하나는 주변장치 모드로 사용한다. USB 제어기의 I2C는 마스터이며, I2C 버스는 EEPROM과 초음파 센서와 같이 연결된다. 동작에 필요한 클럭은 12Mhz로 입력 된다.

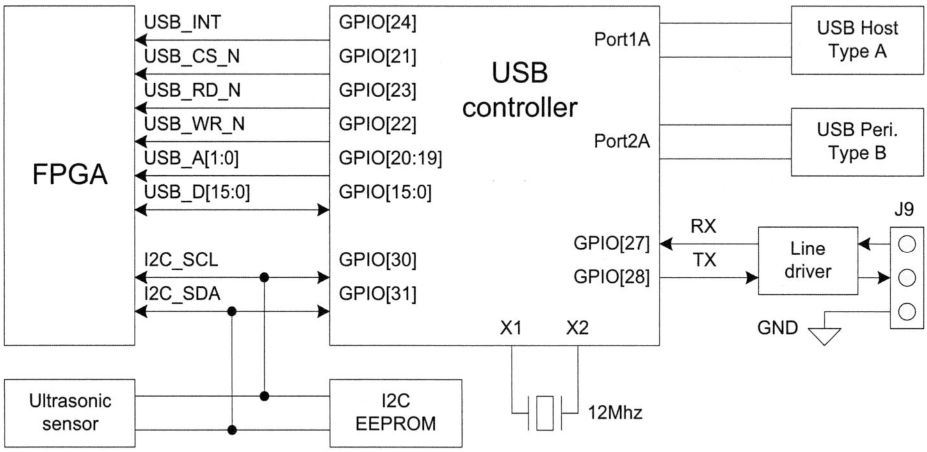

[그림 1] FPGA–USB controller연결도

[표 1]에 USB 제어기와 FPGA 사이의 핀 연결에 대해 정리하였고, 신호의 방향은 FPGA 입장에서 기술하며, 이들 신호 이름은 iNSPIRE에서 사용한 이름과 동일하다.

[표 1] FPGA–USB 제어기 핀 연결

Signal name	Width	Direction	FPGA pin	Remarks
USB_INT	1	In	H18	
USB_CS_N	1	In	H22	
USB_RD_N	1	In	H19	
USB_WR_N	1	In	H21	
USB_A[1:0]	2	In	G22, G21	1 to 0
USB_D[15:0]	16	In/Out	L21, L20, L19, L18, L17, K22, K21, K20, K19, K18, K17, J22, J21, J19, J18, J17	15 to 0

4 USB Controller HPI 인터페이스

HPI(Host Port Interface)는 USB 제어기 외부에서 DMA로 USB 제어기 내부 메모리를 참조할 수 있고, 양방향으로 메일 박스 레지스터 기능을 지원한다.

- 16-비트 데이터 인터페이스
- 16-MB/sec 속도
- DMA (Direct memory access) to internal memory
- Bidirectional Mailbox register

주소로 사용하는 두 비트를 통해 네 개 레지스터 중 하나를 선택한다.

- HPI A[1:0] == 2'b00: HPI Data
- HPI A[1:0] == 2'b01: HPI Mailbox
- HPI A[1:0] == 2'b10: HPI Address
- HPI A[1:0] == 2'b11: HPI Status

[그림 2]에 쓰기와 읽기의 타이밍도를 보였다. CS_N(nCS)가 낮은 전압일 때 유효한 사이클이 진행되며, RD_N(nRD)와 WR_N(nWR)에 의해 읽기와 쓰기가 구분된다.

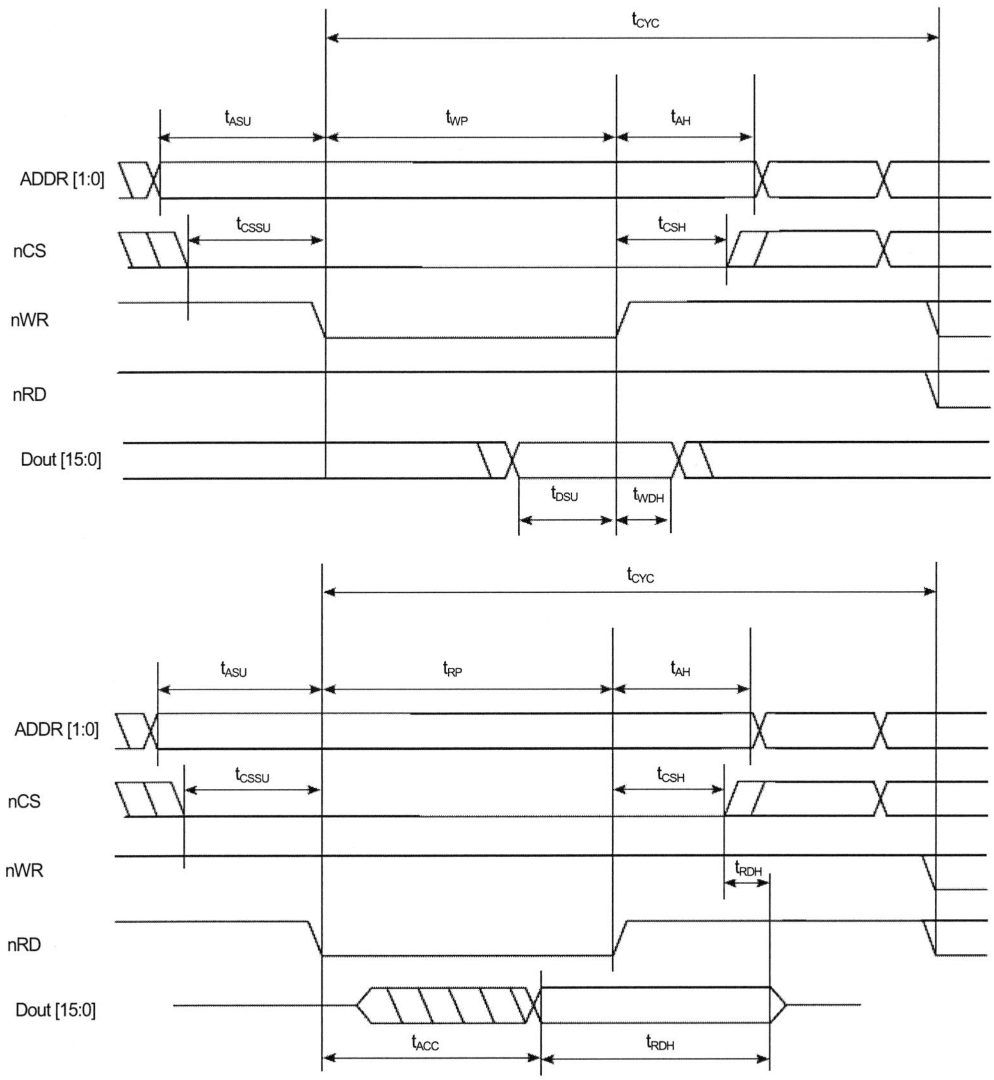

[그림 2] HPI 타이밍도: 위쪽은 쓰기, 아래쪽은 읽기

5 USB 제어기 인터페이스 설계

[그림 1]에서 설명한 바와 같이 FPGA에 연결된 USB 제어기를 사용하기 위해서는 [그림 3]에서와 같이 FPGA에 USB 인터페이스 블록이 필요하며, [그림 2]에서 설명한 프로토콜에 따라 USB 제어기와 통신하는 기능이 구현되어야 한다.

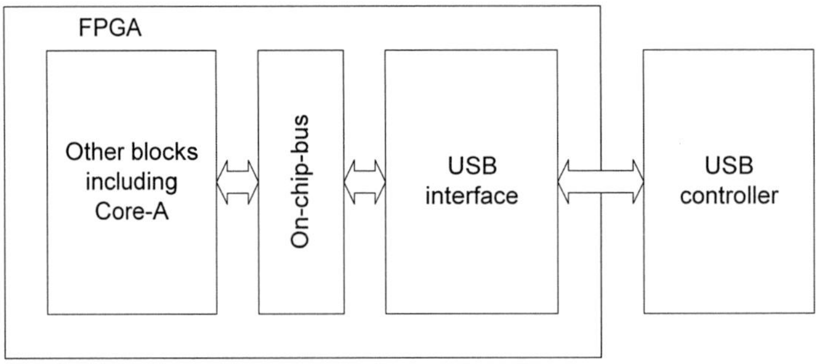

[그림 3] USB 제어기

6 UCF

```
NET USB_A<0>   LOC=G21 | IOSTANDARD=LVCMOS33 ; # out
NET USB_A<1>   LOC=G22 | IOSTANDARD=LVCMOS33 ; # out
NET USB_CS_N   LOC=H22 | IOSTANDARD=LVCMOS33 ; # out
NET USB_D<0>   LOC=J17 | IOSTANDARD=LVCMOS33 ; # inout
NET USB_D<1>   LOC=J18 | IOSTANDARD=LVCMOS33 ; # inout
NET USB_D<2>   LOC=J19 | IOSTANDARD=LVCMOS33 ; # inout
NET USB_D<3>   LOC=J21 | IOSTANDARD=LVCMOS33 ; # inout
NET USB_D<4>   LOC=J22 | IOSTANDARD=LVCMOS33 ; # inout
NET USB_D<5>   LOC=K17 | IOSTANDARD=LVCMOS33 ; # inout
NET USB_D<6>   LOC=K18 | IOSTANDARD=LVCMOS33 ; # inout
NET USB_D<7>   LOC=K19 | IOSTANDARD=LVCMOS33 ; # inout
NET USB_D<8>   LOC=K20 | IOSTANDARD=LVCMOS33 ; # inout
NET USB_D<9>   LOC=K21 | IOSTANDARD=LVCMOS33 ; # inout
NET USB_D<10>  LOC=K22 | IOSTANDARD=LVCMOS33 ; # inout
NET USB_D<11>  LOC=L17 | IOSTANDARD=LVCMOS33 ; # inout
NET USB_D<12>  LOC=L18 | IOSTANDARD=LVCMOS33 ; # inout
NET USB_D<13>  LOC=L19 | IOSTANDARD=LVCMOS33 ; # inout
NET USB_D<14>  LOC=L20 | IOSTANDARD=LVCMOS33 ; # inout
NET USB_D<15>  LOC=L21 | IOSTANDARD=LVCMOS33 ; # inout
NET USB_INT    LOC=H18 | IOSTANDARD=LVCMOS33 ; # in
```

```
NET USB_RD_N  LOC=H19 | IOSTANDARD=LVCMOS33 ; # out
NET USB_WR_N  LOC=H21 | IOSTANDARD=LVCMOS33 ; # out
```

7 참고자료

[1] Cypress, CY7C67300 EZ-Host Programmable Embedded USB Host and Peripheral Controller with Automatic AEC Grade Support, June 2008.

14 PS/2 Keyboard and Mouse

Core-A 개발 보드에 있는 PS/2 키보드와 마우스 인터페이스에 대해 상세하게 살펴본다.

1 Core-A 보드의 PS/2 Keyboard/Mouse port

Core-A 개발 보드에는 PS/2 키보드와 마우스 포트가 있다.

2 PS/2 포트

Core-A 개발 보드에는 PS/2 키보드와 마우스 포트가 있다. PS/2 포트는 [그림 1]과 같이 6개의 핀으로 구성된다. PS/2의 전기적 규격은 5V를 사용하므로 FPGA 입출력 3.3V와의 연동을 위해 중간에 전압 변환 소자들을 사용한다.

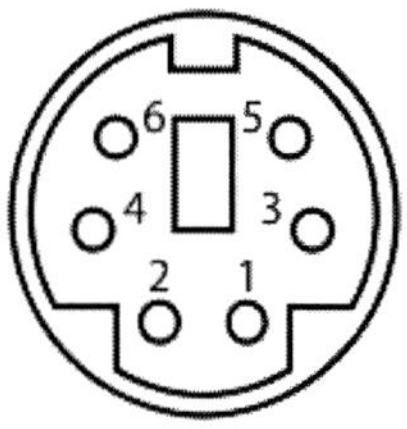

Pin1	+DATA
Pin2	Not connected
Pin3	GND
Pin4	VCC (+5V DC @ 100mA)
Pin5	+CLK
Pin6	Not connected

[그림 1] PS/2 포트(소켓은 암컷 형태, 플러그는 수컷 형태)

3 PS/2 Keyboard/Mouse와 FPGA 연결

FPGA와 PS/2 소켓 사이에는 3.3V와 5V를 연동하기 위한 버퍼가 있다.

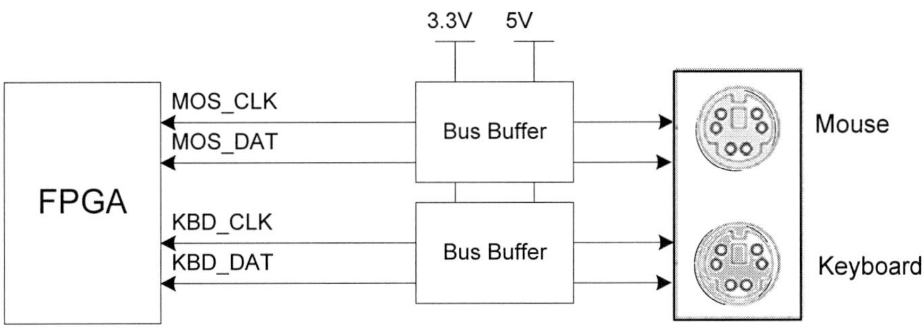

[그림 2] FPGA-PS/2연결도

[표 1]에 PS/2와 FPGA 사이의 핀 연결에 대해 정리하였고, 신호의 방향은 FPGA 입장에서 기술하며, 이들 신호 이름은 iNSPIRE에서 사용한 것과 동일하다.

[표 1] FPGA-PS/2 버퍼 핀 연결

Signal name	Width	Direction	FPGA pin	Remarks
MOS_CLK	1	In/Out	U14	
MOS_DAT	1	In/Out	U13	
KBD_CLK	1	In/Out	U17	
KBD_DAT	1	In/Out	U16	

4 PS/2 인터페이스 프로토콜

PS/2는 양방향 동기식 직렬 프로토콜을 사용하며, 키보드와 마우스는 동일한 프로토콜을 사용한다. CLK과 DAT 신호선은 모두 오픈 콜렉터 신호선이므로 호스트와 디바이스(키보드 또는 마우스)가 필요한 경우 언제든 구동할 수 있으며, 어느 한 쪽이 낮은 전압으로 구동하면 신호선은 낮은 전압이 된다. 디바이스가 항상 CLK을 공급하고, 클럭은 10~16.7kHz 범위를 갖고, 데이터는 홀수 패리티로 보호된다. 즉, 데이터 비트에 '1'의 수가 짝수이면 패리티를 '1'로, 홀수이면 '0'으로 구동한다.

4.1 Send data from keyboard/mouse to host

CLK과 DAT가 모두 높은 전압이면 IDEL 상태이고, 디바이스가 데이터 전송을 할 수 있는 상태이다. 그러나 호스트가 언제든지 CLK 신호선을 낮은 전압으로 구동하여 통신을 중지시킬 수 있다. 디바이스에서 호스트로 전달되는 데이터는 CLK이 높은 값일 때 디바이스가 구동하고, CLK의 하강 모서리에서 호스트가 읽게 된다. 즉, CLK이 높은 전압 값일 때 DAT가 변하고, CLK이 낮은 전압 값일 때 DAT는 유효한 값이 된다. 총 11-비트로 구성된다.

- 1 start bit – 항상 '0'
- 8 data bits – LSB(least significant bit)을 먼저 보낸다.
- 1 parity bit – 홀수 패리키(odd parity) 사용
- 1 stop bit – 항상 '1'

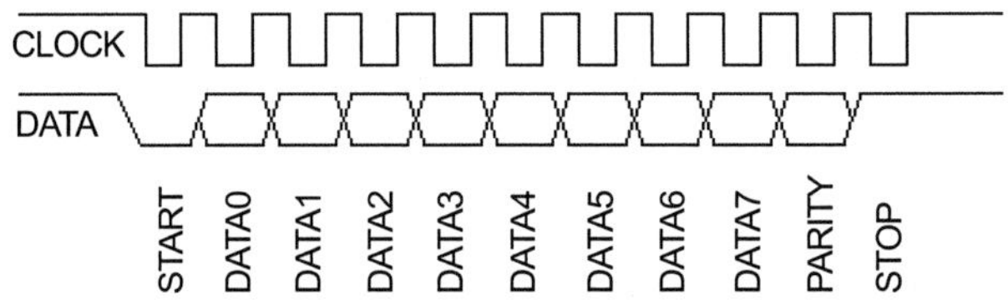

[그림 3] 디바이스에서 호스트로 전송하는 경우

4.2 Send data from host to keyboard/mouse

호스트가 데이터 전송을 할 필요가 있는 경우, CLK 신호선을 낮은 전압으로 최소 100msec 동안 유지한 후, DAT를 낮은 전압으로 하고, CLK 신호 구동을 멈춘다. 호스트에서 디바이스로 전달되는 데이터는, CLK의 상승 모서리에서 디바이스가 읽게 된다.

1. 호스트가 CLK 라인을 낮은 전압 값으로 최소 100msec 유지
2. 호스트가 DAT 라인을 낮은 전압 값으로 구동
3. 호스트는 CLK 라인 구동을 멈춘다.
4. 호스트는 CLK 라인이 낮은 전압 값이 될 때 DAT라인에 데이터 비트를 구동한다.
5. 8-비트 데이터와 패리티 비트까지 구동하고, STOP 비트(1)을 구동한다.
6. 이어서 CLK 라인이 높은 전압 값일 때 디바이스는 ACK 비트를 구동하고 호스트는 CLK의 상승 모서리에서 DAT 라인을 ACK으로 점검한다.

앞의 과정은 [그림 4]와 같이 총 12-비트 전송으로 진행된다.

- 1 start bit – 항상 '0'
- 8 data bits – LSB(least significant bit)을 먼저 보낸다.
- 1 parity bit – 홀수 패리키(odd parity) 사용
- 1 stop bit – 항상 '1'
- 1 acknowledge bit – 디바이스는 '0'으로 구동한다.

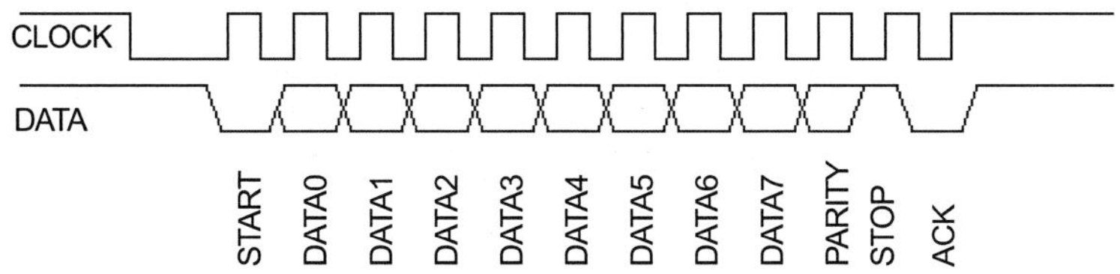

[그림 4] 호스트에서 디바이스로 전송하는 경우

[그림 4]에서 CLK의 처음 부분은 호스트가 구동하지만 나머지는 디바이스가 구동하고, DAT의 ACK은 디바이스가 구동하지만 나머지는 호스트가 구동한다. 이러한 관계는 [그림 5]에 표현하였고, (a)로 표현된 구간에서 호스트가 CLK과 DAT 모두를 구동하고, (b)로 표현된 구간에는 CLK은 디바이스가 DAT는 호스트가 구동한다. (c)로 표현된 부분에서는 CLK과 DAT 모두 디바이스가 구동한다.

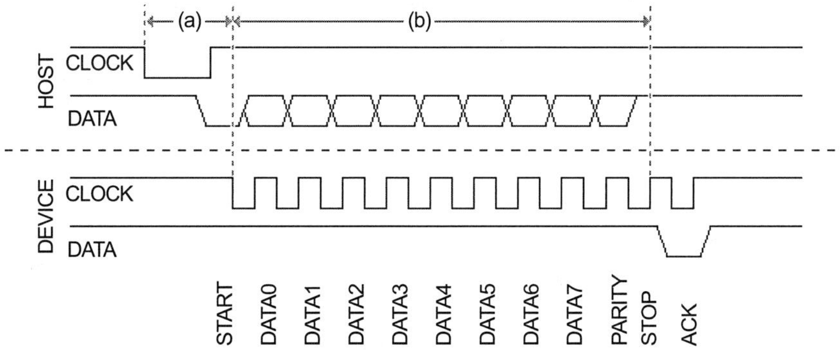

[그림 5] 호스트가 디바이스로 데이터를 전송하는 경우의 상세

5 PS/2 인터페이스 설계

[그림 2]에서 설명한 바와 같이 FPGA에 연결된 PS/2를 사용하기 위해서는 [그림 6]에서와 같이 FPGA에 PS/2 제어기 블록이 필요하다.

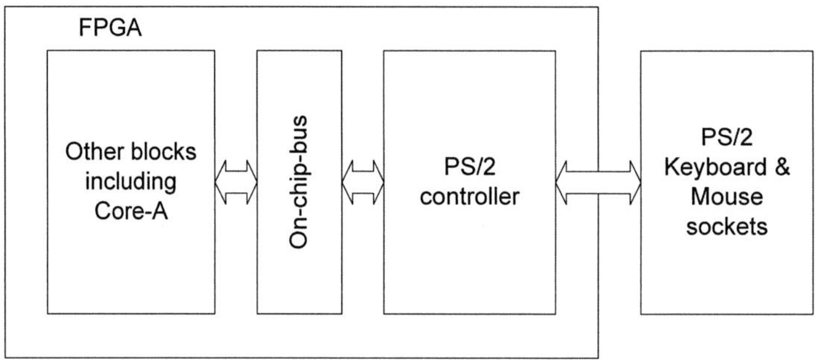

[그림 6] PS/2 제거기

6 UCF

```
# PS/2 Keyboard
NET KBD_CLK LOC=U17 | IOSTANDARD=LVCMOS33 ; # inout
NET KBD_DAT LOC=U16 | IOSTANDARD=LVCMOS33 ; # inout

# PS/2 Mouse
NET MOS_CLK LOC=U14 | IOSTANDARD=LVCMOS33 ; # inout
NET MOS_DAT LOC=U13 | IOSTANDARD=LVCMOS33 ; # inout
```

7 참고자료

[1] Adam Chapweske, The PS/2 Mouse/Keyboard Protocol, www.computer-engineering.org/ps2protocol.

15 DAC and ADC[33]

Core–A 개발 보드에 있는 DAC와 ADC에 대해 상세하게 살펴본다.

1 Core–A 보드의 DAC/ADC

Core-A 개발 보드에는 아날로그 인터페이스를 위해 DAC와 ADC가 있다.

2 DAC

Core-A 개발 보드에는 디지털 정보를 아날로그 신호를 변환하는 DAC로 Linear Tech. 사의 LTC2624가 있다. 4개 채널이 지원되며, 12-비트 해상도를 갖고, SPI 인터페이스가 지원된다.

- Linear tech., Quad 16-bit rail-torail DACs in 16-lead SSOP.

DAC의 주요 핀의 기능은 다음과 같다.

- **CLR_N:** 비동기 초기화 입력 (asynchronous clear input), 이 신호가 낮은 전압이 되면 모든 레지스터가 초기화되과 DAC의 출력 전압이 '0'이 된다.
- **CS_N:** 이 신호가 낮은 전압이면 SCK의 상승모서리에 SDI에 인가된 입력이 쉬프트 되면서 입력된다. 이 신호가 높은 전압이 되면 SDI로 입력된 명령이 실행된다.
- **SCK:** 동기 클럭

[33] Digital to Analog Converter and Analog to Digital Converter

- SDI: 직렬 데이터 입력
- SDO: 직렬 데이터 출력
- REF_A, REF_B, REF_C, REF_D: 각 DAC 채널의 높은 기준 전압
- REF_LO: 낮은 기준 전압

[그림 1]에 DAC의 입출력 타이밍도를 보였다. 일반적인 SPI 프로토콜을 사용하며, SDI에 인가된 입력은 SCK의 상승 모서리에 내부 레지스터에 저장되고, SCK의 하강 모서리에 내부 레지스터의 값이 SDO에 출력된다. 이것은 뒤에서 설명할 ADC의 타이밍과 다르므로 주의한다.

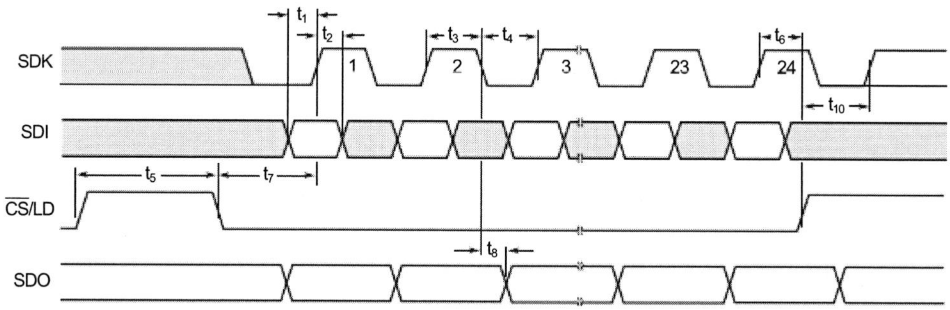

[그림 1] DAC 입출력 타이밍도

[그림 2]에 SDI에 인가되는 데이터의 구성을 보였다. 총 24개 클럭으로 입력되며, 4-비트 COMMAND, 4-비트 주소, 16-비트 데이터 (상위 12-비트만 사용) 구성된다. DAC는 입력된 데이터에 따라 전압을 추력하는 것이지만, DAC 내부에 이전에 입력된 값을 SDO로 출력해 볼 수도 있는데 이것은 데이터 시트를 참고한다.

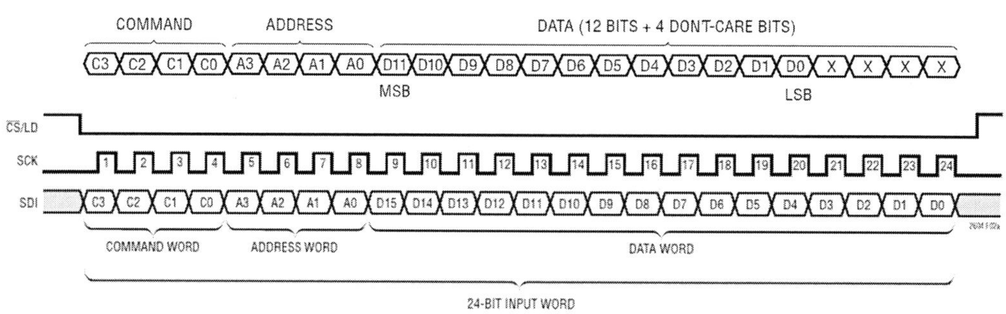

[그림 2] DAC의 입력 데이터 구성

[표 1]에 DAC의 명령어와 주소의 의미를 정리하였다.

[표 1] DAC command and address

Command		Address	
C[3:0]		A[3:0]	
0000	Write to input reg A[3:0]	0000	DAC A
0001	Update DAC reg A[3:0]	0001	DAC B
0010	Write to input reg A[3:0], update all	0010	DAC C
0011	Write to and upate reg A[3:0]	0011	DAC D
0100	Power down A[3:0]	1111	All DACs
1111	No operation		

DAC의 출력 전압은 다음 식에의해 결정된다.

$$V_{out} = (k \div 2^N) \times (V_{ref} - V_{low}) + V_{low}$$

위 식에서 'k'는 DAC에 입력된 데이터 값이고, 'N'은 12이며, 'V_{ref}'는 DAC에 인가된 높은 기준 전압이며, 'V_{low}' DAC에 인가된 낮은 기준 전압이다.

3 ADC

Core-A 개발 보드에는 아날로그 신호를 디지털 정보로 변환하는 ADC로 Analog Devices 사의 AD7928이 있다. 8개 채널이 지원되며, 12-비트 해상도를 갖고, SPI 인터페이스가 지원된다.

- Analog Devices, 8-Channel, 1MSPS, 8-/10-/12-bit ADCs with Sequencer in 20-Lead TSSOP.

ADC의 주요 핀의 기능은 다음과 같다.

- CS_N: 낮은 전압일 때 ADC가 선택된다.
- SCLK: 동기 클럭
- DIN: 직렬 데이터 입력, CS_N이 낮은 전압일 때 SCLK의 하강 모서리에 이 핀의 정보가 내부 레지스터에 저장된다.
- DOUT: 직렬 데이터 출력, CS_N이 낮은 전압일 때 SCLK의 하강 모서리에 내부 레지스터의 내용이 이 핀에 출력된다.

ADC 내부에 있는 쓰기만이 가능한 12비트 레지스터가 있다. 이 레지스터는 CS_N이 낮은 전압일 때 SCLK의 하강 모서리에 DIN의 값을 순차적으로 쉬프트하면서 입력한다.

Bit	Mnemonic	설명
11	WRITE	'1'이면, 이어지는 11개 비트를 레지스터에 저장함
10	SEQ	SHADOW 레지스터와 관련
9	Don't care	
8–6	A[2:0]	아날로그 입력 채널 선택
5–4	PM[1:0]	전원 메니지먼터
3	SHADOW	
2	Don't care	
1	RANGE	아날로그 입력 범위
0	CODING	아날로그 출력 코딩 타입 – '0' two's complement – '1' straight binary

[그림 3]에 ADC의 입출력 타이밍을 보였다. 일반적인 SPI 프로토콜을 사용하며, SCK의 하강 모서리에 SDI에 인가된 입력이 내부 레지스터에 저장되고, SCK의 하강 모서리에 내부 레지스터의 값이 SDO에 출력된다. 이것은 앞서 설명한 DAC의 타이밍과 다르므로 주의한다.

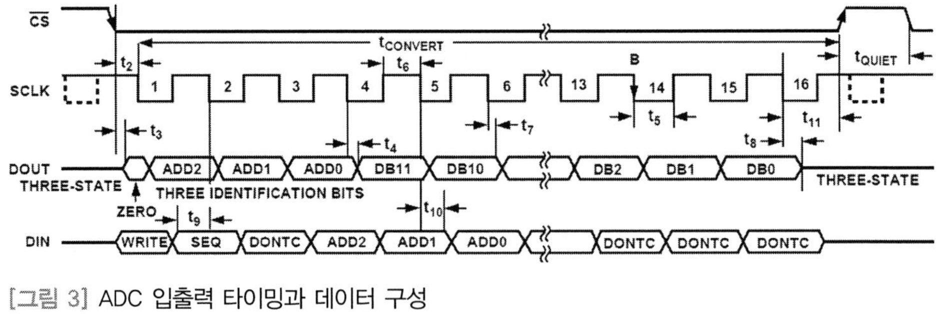

[그림 3] ADC 입출력 타이밍과 데이터 구성

DOUT에 출력되는 정보는 한 개 비트 '0'와 세 개 비트 구별자 그리고 12비트 데이터로 구성된다. ADC의 변환 데이터는 다음과 같이 해석된다.

- Straight binary: 12'h0~12'hFFF, 0V ~ 4095×V_{step}, 1 V_{step} = V_{ref}÷4096
- Twos complement: 12'h800~12'hFFF,12'000~12'h7FF, –Vref ~ 0 ~ 2047×V_{step}, 1 V_{step} = V_{ref}÷4096

4 DAC/ADC 와 FPGA 연결

FPGA와 DCA 그리고 ADC는 SPI 버스를 통해 연결된다.

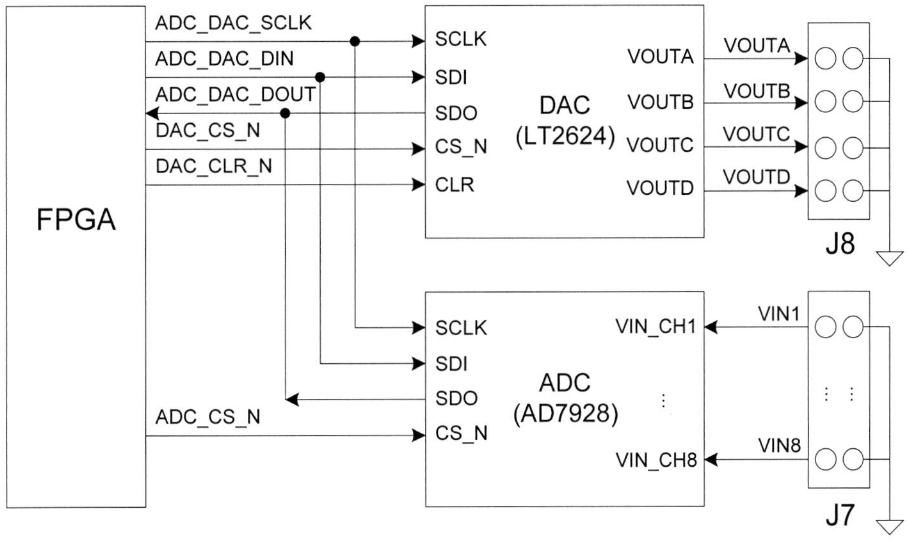

[그림 4] FPGA-PS/2연결도

[표 2]에 DAC/ADC와 FPGA 사이의 핀 연결에 대해 정리하였고, 신호의 방향은 FPGA 입장에서 기술하며, 이들 신호 이름은 iNSPIRE에서 사용한 이름과 동일하다.

[표 2] FPGA-Ethernet PHY 핀 연결

Signal name	Width	Direction	FPGA pin	Remarks
ADC_DAC_SCLK	1	Out	A7	
ADC_DAC_DIN	1	Out	A8	
ADC_DAC_DOUT	1	In	A9	
ADC_CS_N	1	Out	A5	
DAC_CS_N	1	Out	A4	
DAC_CLR_N	1	Out	A3	

5 UCF

```
# DAC & ADC
NET ADC_CS_N       LOC=A5 | IOSTANDARD=LVCMOS33 ; # out
NET ADC_DAC_DIN    LOC=A8 | IOSTANDARD=LVCMOS33 ; # out
NET ADC_DAC_DOUT   LOC=A9 | IOSTANDARD=LVCMOS33 ; # in
NET ADC_DAC_SCLK   LOC=A7 | IOSTANDARD=LVCMOS33 ; # out
NET DAC_CLR_N      LOC=A3 | IOSTANDARD=LVCMOS33 ; # out
NET DAC_CS_N       LOC=A4 | IOSTANDARD=LVCMOS33 ; # out
```

6 참고자료

[1] Linear tech., Quad 16-bit rail-torail DACs in 16-lead SSOP.

[2] Analog Devices, 8-Channel, 1MSPS, 8-/10-/12-bit ADCs with Sequencer in 20-Lead TSSOP.

16 IR Transceiver[34]

Core–A 개발 보드에 있는 적외선 통신 채널에 대해 상세하게 살펴본다.

1 Core–A 보드의 IR Transceiver

Core-A 개발 보드에는 적외선 통신을 위해 IR 송수신기가 있다.

2 IR Transceiver

Core-A 개발 보드에는 Kodenshi 사의 KOI-6002를 사용한다.

- Kodensi, KOI-6002A(E) SmartBeam SIR Transceiver Compliiant to IrDA 1.4 Low Power Standard with Remote Control, 2007.

IR Transceiver는 SIR(Serial Infrared) 통신이 가능하며, FPGA와 TXD, RXD 신호가 연결되어 있다. IR Transceiver를 제어할 Shutdown 신호는 풀업저항에 연결되어 있으므로 동작하기 위해서는 Low level 신호를 인가해야 한다.

3 IR Transceiver 와 FPGA 연결

FPGA와 IR 송수신기의 연결은 그림 [1]과 같다.

[34] Infra Red Transceiver

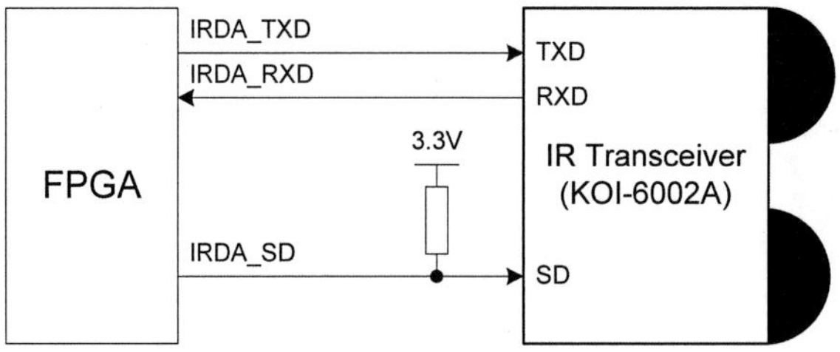

[그림 1] FPGA-IR transceiver연결도

[표 1]에 IR Transceiver와 FPGA 사이의 핀 연결에 대해 정리하였고, 신호의 방향은 FPGA 입장에서 기술하며, 이들 신호 이름은 iNSPIRE에서 사용한 이름과 동일하다.

[표 1] FPGA-Ethernet PHY 핀 연결

Signal name	Width	Direction	FPGA pin	Remarks
IRDA_TXD	1	Out	T22	
IRDA_RXD	1	In	T21	
IRDA_SD	1	Out	T20	

4 UCF

```
NET IRDA_RXD  LOC=T21 | IOSTANDARD=LVCMOS33 ; # in
NET IRDA_TXD  LOC=T22 | IOSTANDARD=LVCMOS33 ; # out
NET IRDA_SD   LOC=T20 | IOSTANDARD=LVCMOS33 ; # out
```

5 참고자료

[1] Kodensi, KOI-6002A(E) SmartBeam SIR Transceiver Compliant to IrDA 1.4 Low Power Standard with Remote Control, 2007.

17 Ultrasonic Sensor

Core-A 개발 보드에 있는 초음파 센스에 대해 상세하게 살펴본다.

1 Core-A 보드의 Ultrasonic Sensor

Core-A 개발 보드에는 Ultrasonic Sensor(초음파 센서)를 사용한다. 초음파센서를 이용하여 가까운 사물의 거리측정이 가능하며, I2C 인터페이스를 사용한다. 측정할 수 있는 거리는 43mm부터 11m까지 이다. 측정된 거리는 mm단위, inch단위, usec 단위로 확인할 수 있다.

2 IR Transceiver

Core-A 개발 보드에는 Devantech 사의 SRF10 모듈을 사용한다.

- Kodensi, KOI-6002A(E) SmartBeam SIR Transceiver Compliiant to IrDA 1.4 Low Power Standard with Remote Control, 2007.

초음파 센서는 보드의 I^2C 버스에 연결되어 있다. 초음파 센서는 I^2C Slave 역할을 하게 되며, USB controller 또는 FPGA의 I^2C Master controller에서 제어를 하게 된다.

Core-A 개발 보드의 I2C에 연결된 여러 소자들은 서로 다른 주소를 갖는다. I^2C EEPROM의 I^2C Device Address는 0x50이며, 초음파 센서의 I^2C Device Address는 0x70이다. USB제어기의 12C는 마스터를 동작한다.

3 Ultrasonic sensor 와 FPGA 연결

FPGA와 Ultrasonic sensor의 연결은 다음 그림과 같다.

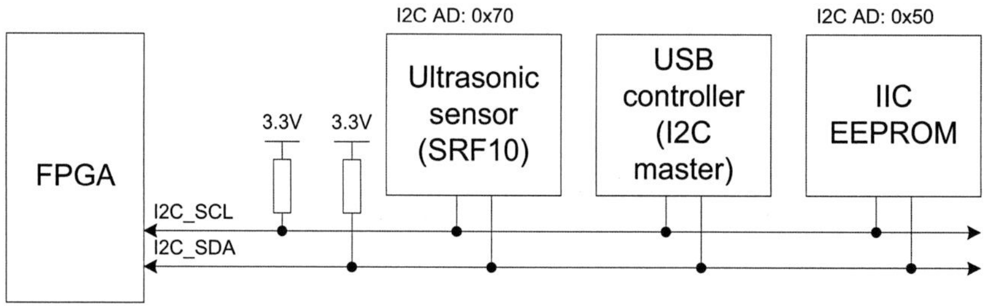

[그림 1] FPGA-IR transceiver연결도

[표 1]에 Ultrasonic sensor와 FPGA 사이의 핀 연결에 대해 정리하였고, 신호의 방향은 FPGA 입장에서 기술하며, 이들 신호 이름은 iNSPIRE에서 사용한 이름과 동일하다.

[표 1] FPGA-Ethernet PHY 핀 연결

Signal name	Width	Direction	FPGA pin	Remarks
I2C_SCL	1	In/Out	V13	
I2C_SDA	1	In/Out	V14	

4 UCF

```
NET I2C_SDA LOC=V14 | IOSTANDARD=LVCMOS33 ; # inout
NET I2C_SCL LOC=V13 | IOSTANDARD=LVCMOS33 ; # inout
```

18 GPIO와 추가 보드 연결 콘넥터

Core-A 개발 보드에 있는 GPIO와 추가 보드 연결용 콘넥터에 대해 상세하게 살펴본다.

1 Core-A 보드의 Ultrasonic Sensor

Core-A 개발 보드에는 FPGA와 외부 보드를 연결할 수 있는 다음 다섯 가지 콘넥터가 있다.

- JTAG 포트
- Core-A 디버거 포트
- iCON-USB 연결 콘넥터
- GPIO 콘넥터
- 추가 보드 연결 콘넥터

추가 보드 연결 콘넥터는 GPIO와 Video DAC와 일부 핀을 공유한다.

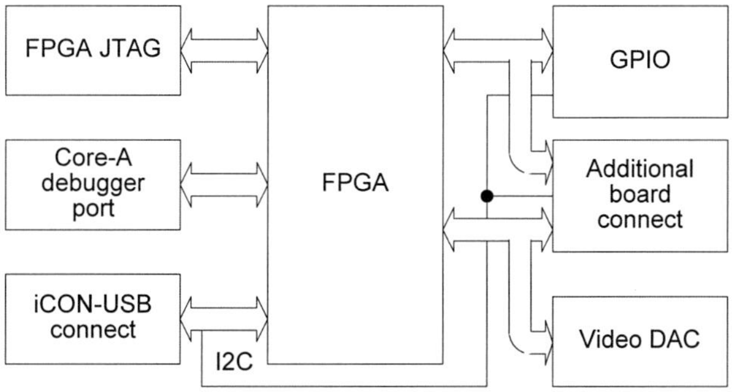

2 JTAG 포트

Core-A 보드의 JTAG 포트는 [그림 1]과 같이 PROM과 FPGA 그리고 GPIO와 체인으로 연결된다. JP5의 선택에 따라 GPIO의 연결을 끊을 수도 있다.

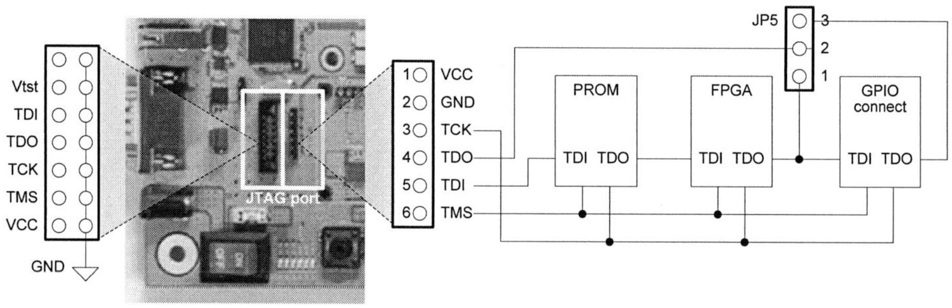

[그림 1] JTAG 포트 연결

3 Core-A 디버거 포트

[그림 2]에 Core-A 개발 보드의 중간 위쪽에 있는 디버거 전용 포트를 정리하였다. 그림에서는 JTAG을 가정한 것이고, 괄호 안의 신호는 SPI를 가정한 경우이다.

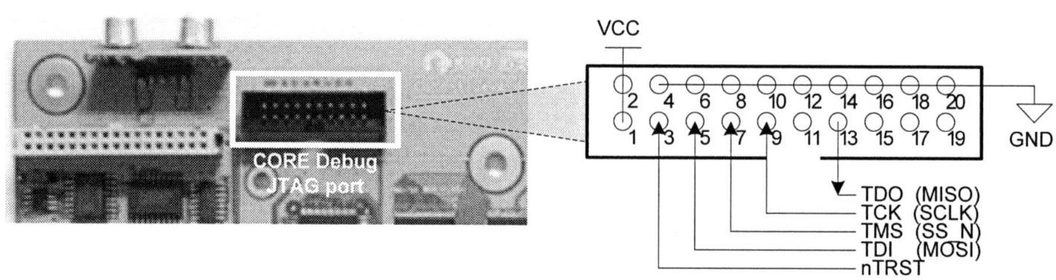

[그림 2] Core-A 개발 보드의 디버거 포트

[표 1] FPGA-스위치 핀 연결

Signal name	Width	Direction	FPGA pin	Remarks
CORE_NTRST	1	in	D22	
CORE_TCK	1	in	AA12	SCLK
CORE_TDI	1	in	C22	MOSI
CORE_TDO	1	out	D21	MISO
CORE_TMS	1	in	D19	SS_N

4 GPIO 콘넥터

GPIO 콘넥터는 4×16 핀이며 일부는 추가 보드 연결 콘넥터와 공유한다.

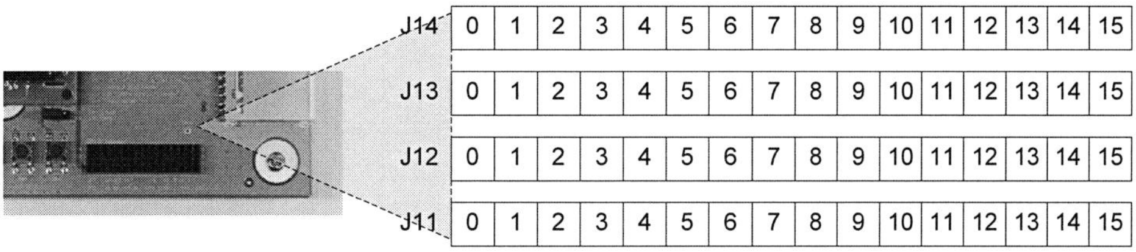

[그림 3] GPIO 콘넥터

5 추가 보드 연결 콘넥터

추가 보드를 연결할 수 있는 콘넥터는 3×30 핀이며 일부는 GPIO 그리고 VIDEO DAC와 공유한다.

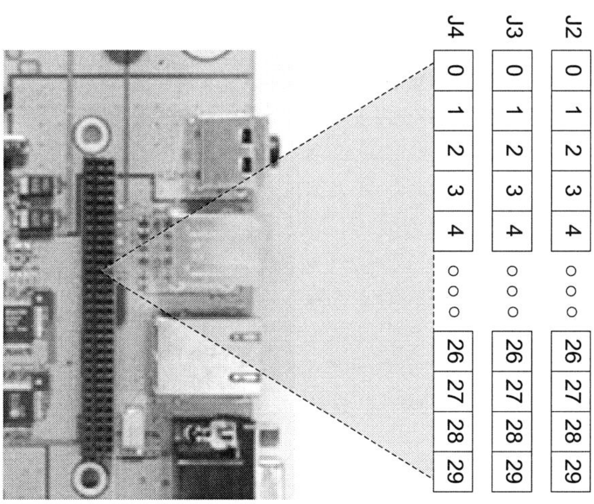

[그림 4] 추가 보드 연결 콘넥터

6 UCF

```
# GPIO
NET XC3S_GPIO0     LOC=C1  | IOSTANDARD=LVCMOS33 ; # TS_ADC_CS_N
NET XC3S_GPIO1     LOC=C2  | IOSTANDARD=LVCMOS33 ; # LCD_SDO
NET XC3S_GPIO2     LOC=C3  | IOSTANDARD=LVCMOS33 ; # TS_ADC_IRQ_N
NET XC3S_GPIO3     LOC=C4  | IOSTANDARD=LVCMOS33 ; # TS_ADC_BUSY
NET XC3S_GPIO4     LOC=D1  | IOSTANDARD=LVCMOS33 ; # CAM_CE
NET XC3S_GPIO5     LOC=D2  | IOSTANDARD=LVCMOS33 ; # CAM_SCL
NET XC3S_GPIO6     LOC=D3  | IOSTANDARD=LVCMOS33 ; # CAM_SDA
NET XC3S_GPIO7     LOC=D4  | IOSTANDARD=LVCMOS33 ; # CAM_D0
NET XC3S_GPIO8     LOC=E1  | IOSTANDARD=LVCMOS33 ; # CAM_D1
NET XC3S_GPIO9     LOC=E2  | IOSTANDARD=LVCMOS33 ; # CAM_D2
NET XC3S_GPIO10    LOC=E3  | IOSTANDARD=LVCMOS33 ; # CAM_D3
NET XC3S_GPIO11    LOC=E4  | IOSTANDARD=LVCMOS33 ; # CAM_D4
NET XC3S_GPIO12    LOC=F2  | IOSTANDARD=LVCMOS33 ; # CAM_D5
NET XC3S_GPIO13    LOC=F3  | IOSTANDARD=LVCMOS33 ; # CAM_D6
NET XC3S_GPIO14    LOC=F4  | IOSTANDARD=LVCMOS33 ; # CAM_D7
NET XC3S_GPIO15    LOC=F5  | IOSTANDARD=LVCMOS33 ; # CAM_RESET
NET XC3S_GPIO16    LOC=G1  | IOSTANDARD=LVCMOS33 ; # CAM_VSYNC
NET XC3S_GPIO17    LOC=G2  | IOSTANDARD=LVCMOS33 ; # CAM_HSYNC
NET XC3S_GPIO18    LOC=G3  | IOSTANDARD=LVCMOS33 ; # CAM_BD_SW0
NET XC3S_GPIO19    LOC=G4  | IOSTANDARD=LVCMOS33 ; # CAM_BD_SW1
NET XC3S_GPIO20    LOC=G5  | IOSTANDARD=LVCMOS33 ; # CAM_BD_SW2
NET XC3S_GPIO21    LOC=G6  | IOSTANDARD=LVCMOS33 ; # CAM_BD_SW3
NET XC3S_GPIO22    LOC=H1  | IOSTANDARD=LVCMOS33 ; #
NET XC3S_GPIO23    LOC=H2  | IOSTANDARD=LVCMOS33 ; #
NET XC3S_GPIO24    LOC=H4  | IOSTANDARD=LVCMOS33 ; #
NET XC3S_GPIO25    LOC=H5  | IOSTANDARD=LVCMOS33 ; #
NET XC3S_GPIO26    LOC=A11 | IOSTANDARD=LVCMOS33 ; # CAM_PCLK
NET XC3S_GPIO27    LOC=B11 | IOSTANDARD=LVCMOS33 ; # CAM_MCLK
NET XC3S_GPIO28    LOC=F7  | IOSTANDARD=LVCMOS33 ; #
NET XC3S_GPIO29    LOC=F9  | IOSTANDARD=LVCMOS33 ; #
NET XC3S_GPIO30    LOC=F10 | IOSTANDARD=LVCMOS33 ; #
NET XC3S_GPIO31    LOC=F11 | IOSTANDARD=LVCMOS33 ; #

# Additional board connector
NET VIDEO_R0       LOC=K1  | IOSTANDARD=LVCMOS33 ; # J2-6
NET VIDEO_R1       LOC=K2  | IOSTANDARD=LVCMOS33 ; # J2-7
NET VIDEO_R2       LOC=K3  | IOSTANDARD=LVCMOS33 ; # J2-8
NET VIDEO_R3       LOC=K4  | IOSTANDARD=LVCMOS33 ; # J2-9
NET VIDEO_R4       LOC=K5  | IOSTANDARD=LVCMOS33 ; # J2-10
NET VIDEO_R5       LOC=K6  | IOSTANDARD=LVCMOS33 ; # J2-11
NET VIDEO_R6       LOC=L1  | IOSTANDARD=LVCMOS33 ; # J2-12
NET VIDEO_R7       LOC=L2  | IOSTANDARD=LVCMOS33 ; # J2-13
NET VIDEO_G0       LOC=M5  | IOSTANDARD=LVCMOS33 ; # J2-14
```

```
NET VIDEO_G1       LOC=M6  | IOSTANDARD=LVCMOS33 ; # J2-15
NET VIDEO_G2       LOC=N1  | IOSTANDARD=LVCMOS33 ; # J2-16
NET VIDEO_G3       LOC=N2  | IOSTANDARD=LVCMOS33 ; # J2-17
NET VIDEO_G4       LOC=N3  | IOSTANDARD=LVCMOS33 ; # J2-18
NET VIDEO_G5       LOC=N4  | IOSTANDARD=LVCMOS33 ; # J2-19
NET VIDEO_G6       LOC=N5  | IOSTANDARD=LVCMOS33 ; # J2-20
NET VIDEO_G7       LOC=N6  | IOSTANDARD=LVCMOS33 ; # J2-21
NET VIDEO_CLOCK    LOC=L3  | IOSTANDARD=LVCMOS33 ; # J2-22
NET VIDEO_BLANK_N  LOC=M3  | IOSTANDARD=LVCMOS33 ; # J2-23
NET VIDEO_VSYNC    LOC=L5  | IOSTANDARD=LVCMOS33 ; # J2-24
NET VIDEO_HSYNC    LOC=L6  | IOSTANDARD=LVCMOS33 ; # J2-25
NET VIDEO_B0       LOC=P1  | IOSTANDARD=LVCMOS33 ; # J3-6
NET VIDEO_B1       LOC=P2  | IOSTANDARD=LVCMOS33 ; # J3-7
NET VIDEO_B2       LOC=P4  | IOSTANDARD=LVCMOS33 ; # J3-8
NET VIDEO_B3       LOC=P5  | IOSTANDARD=LVCMOS33 ; # J3-9
NET VIDEO_B4       LOC=P6  | IOSTANDARD=LVCMOS33 ; # J3-10
NET VIDEO_B5       LOC=R1  | IOSTANDARD=LVCMOS33 ; # J3-11
NET VIDEO_B6       LOC=R2  | IOSTANDARD=LVCMOS33 ; # J3-12
NET VIDEO_B7       LOC=R3  | IOSTANDARD=LVCMOS33 ; # J3-13
NET LCD_RESET_N    LOC=J6  | IOSTANDARD=LVCMOS33 ; # J3-14
NET LCD_CS_N       LOC=J5  | IOSTANDARD=LVCMOS33 ; # J3-15
NET TS_ADC_CS_N    LOC=C1  | IOSTANDARD=LVCMOS33 ; # J3-16
NET LCD_SCLK       LOC=J4  | IOSTANDARD=LVCMOS33 ; # J3-17
NET LCD_SDI        LOC=J2  | IOSTANDARD=LVCMOS33 ; # J3-18
NET LCD_SDO        LOC=C2  | IOSTANDARD=LVCMOS33 ; # J3-19
NET LCD_DE         LOC=J1  | IOSTANDARD=LVCMOS33 ; # J3-20
NET TS_ADC_IRQ_N   LOC=C3  | IOSTANDARD=LVCMOS33 ; # J3-21
NET TS_ADC_BUSY    LOC=C4  | IOSTANDARD=LVCMOS33 ; # J3-22
NET CAM_CE         LOC=D1  | IOSTANDARD=LVCMOS33 ; # J3-23
NET CAM_SCL        LOC=D2  | IOSTANDARD=LVCMOS33 ; # J3-24
NET CAM_SDA        LOC=D3  | IOSTANDARD=LVCMOS33 ; # J3-25
NET CAM_D0         LOC=D4  | IOSTANDARD=LVCMOS33 ; # J4-6
NET CAM_D1         LOC=E1  | IOSTANDARD=LVCMOS33 ; # J4-7
NET CAM_D2         LOC=E2  | IOSTANDARD=LVCMOS33 ; # J4-8
NET CAM_D3         LOC=E3  | IOSTANDARD=LVCMOS33 ; # J4-9
NET CAM_D4         LOC=E4  | IOSTANDARD=LVCMOS33 ; # J4-10
NET CAM_D5         LOC=F2  | IOSTANDARD=LVCMOS33 ; # J4-11
NET CAM_D6         LOC=E3  | IOSTANDARD=LVCMOS33 ; # J4-12
NET CAM_D7         LOC=E4  | IOSTANDARD=LVCMOS33 ; # J4-13
NET CAM_RESET      LOC=F5  | IOSTANDARD=LVCMOS33 ; # J4-14
NET CAM_VSYNC      LOC=G1  | IOSTANDARD=LVCMOS33 ; # J4-15
NET CAM_HSYNC      LOC=G2  | IOSTANDARD=LVCMOS33 ; # J4-16
NET USER_SW0       LOC=G3  | IOSTANDARD=LVCMOS33 ; # J4-17
NET USER_SW1       LOC=G4  | IOSTANDARD=LVCMOS33 ; # J4-18
NET USER_SW2       LOC=G5  | IOSTANDARD=LVCMOS33 ; # J4-19
NET USER_SW3       LOC=G6  | IOSTANDARD=LVCMOS33 ; # J4-20
NET CAM_PCLK       LOC=A11 | IOSTANDARD=LVCMOS33 ; # J4-21
NET CAM_MCLK       LOC=B11 | IOSTANDARD=LVCMOS33 ; # J4-22
```

제 III 부

Core-A 개발 보드 용 영상 입출력 보드

1 Core–A 개발 보드 용 영상 입출력 보드[1]

Core–A를 활용한 시스템을 적용하여 영상 입출력 기능을 구현할 수 있는 개발 보드에 대해 상세하게 살펴본다.

1 Core–A 개발 보드

Core-A 개발 보드는 [그림 1]에 나타낸 것과 같이 FPGA, 메모리, 주변장치, 추가 보드로 구성되며, 여기에서는 추가 보드의 한 종류인 영상 입출력 기능을 위한 VIO (Video Input/Output) 보드에 대해 설명한다.

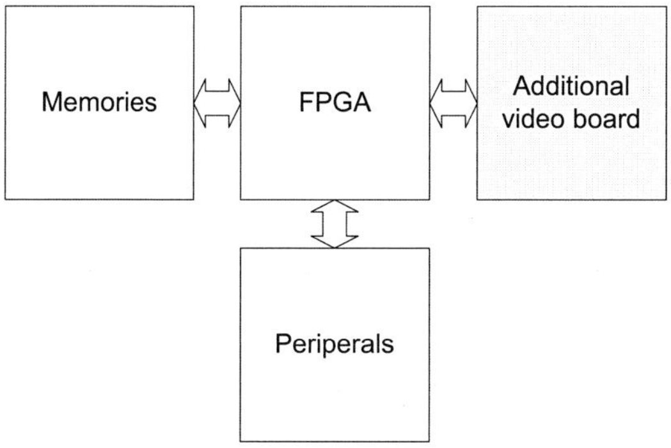

[그림 1] Core–A 개발 보드와 영상 입출력 보드

2 Core–A 영상 입출력 보드

Core-A 영상 입출력 보드는 Core-A 개발 보드에 장착되며 [그림 2]와 같이 TFT-LCD, Touch Screen, Camera, 누름 스위치 등으로 구성된다.

[1] Video board for Core-A system development board

- TFT-LCD
  - 3.5-inch
  - 320x240 resolution
  - RGB 24-bit interface
- Touch screen & digitizer
  - 4-wire (SPI) interface
  - 8-bit/12-bit resolution
  - 125k samples per second throughput
- Camera:
  - 1,280x1,024 active pixel
  - Raw, Bayer RGB, ITU-R BT.656 (YCbCr), 565RGB, 555RGB, 444RGB
  - 2-wire I2C interface
  - SXGA (1,280x1,014) 15fps at 54Mhz
  - QSXGA (640x512) 30fps at 54Mhz
- Push switch: ×4
- I2C EEPROM: board identification

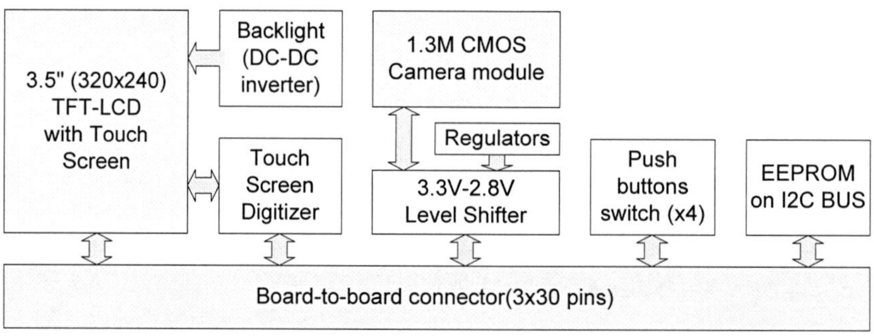

[그림 2] Core-A 개발 보드의 블록도

2.1 Top view

[그림 3]은 Core-A 개발 보드에 장착된 Core-A 영상 입출력 보드를 위에서 내려다 본 것이다.

[그림 3] Core–A 영상 입출력 보드(Core–A 개발 보드에 장착된 모습)

3 참고자료

[1] 다이나릿시스템, Core-A 개발 보드 사용자 매뉴얼, 2009.

[2] 다이나릿시스템, Core-A Development Board – VIO User Manual, 2009.

2 TFT-LCD[2]

Core-A 영상 입출력 보드에 있는 TFT-LCD에 대해 상세하게 살펴본다.

1 Core-A 보드의 영상 출력

Core-A 개발 보드에 장착되는 영상 입출력 보드에 있는 TFT-LCD를 통해 영상을 출력할 수 있다. Core-A 개발 보드에 있는 Video DAC와 영상 입출력 보드의 TFT-LCD는 많은 신호선을 공유한다.

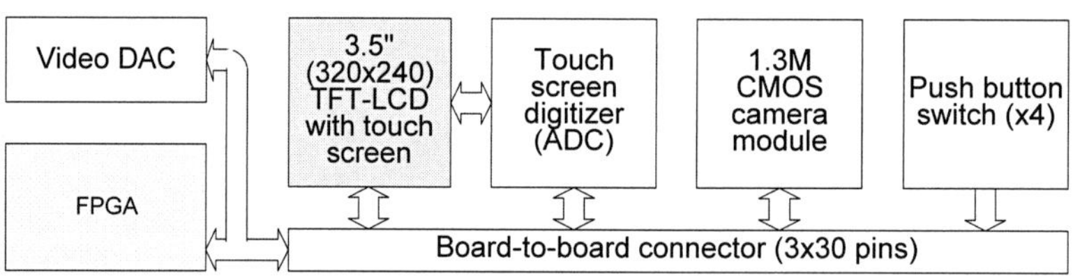

[그림 1] 영상 입출력 장치들

2 TFT-LCD

Core-A 영상 입출력 보드에 사용된 Color TFT-LCD는 LED를 이용한 백라이트(back-light)와 터치 스크린이 일체형으로 된 것이다.

- LG.PHILIPS LCD, LB035Q02

[2] Thin Film Transistor Liquid Crystal Display

TFT-LCD의 주요 핀의 기능은 다음과 같다. 낮은 전압 값이 유효한 경우 신호 이름 뒤에 '_N'을 붙여서 구별한다.

- DOTCLK(CLOCK): Pixel clock
- R[7:0]: Red component of Pixel – bit 0 is lsb.
- G[7:0]: Green component of Pixel
- B[7:0]: Blue component of Pixel
- DE_N(ENABLE): Data Enable – Active low
- VSYNC: Vertical Synch – Active low
- HSYNC: Horizontal Synch – Active low
- CS_N: SPI Chip Select – Active low
- SCLK: SPI Clock
- SDI: SPI Data Input
- RESET_N: Reset – Active low
- X1, Y1, X2, Y2: Touch screen position

CS_N, SCLK, SDI는 SPI 프로토콜을 통해 TFT-LCD 내부 자원을 참조하며, 출력 핀은 지원되지 않는다.

3 TFT-LCD-FPGA 연결

[그림 2]에 보인 바와 같이 일부 핀은 Core-A 개발 보드의 Video DAC와 공유한다.

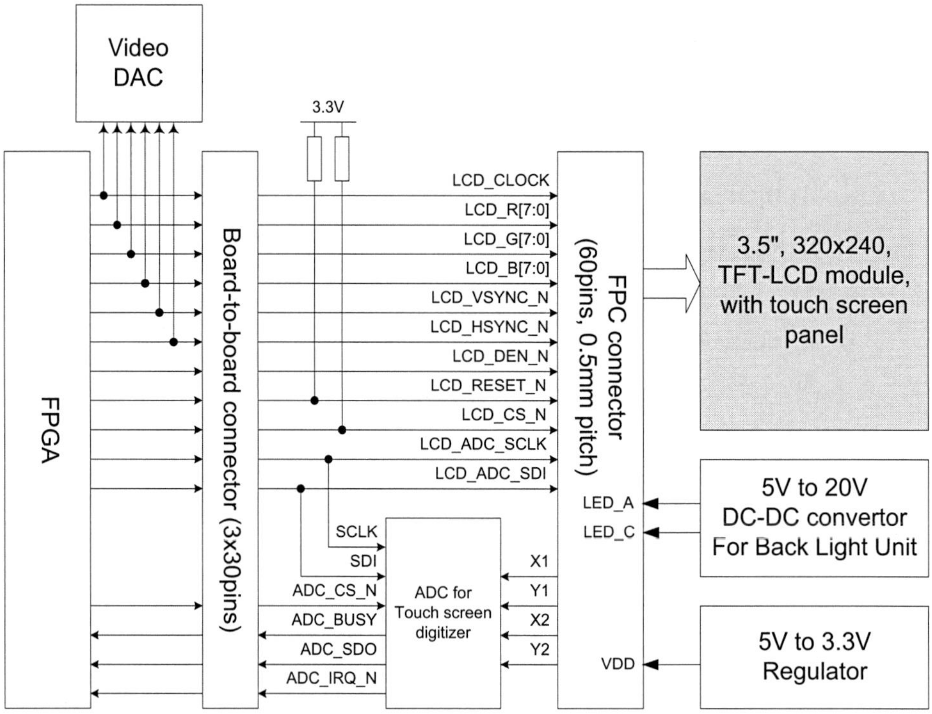

[그림 2] TFT-LCD-Video DAC연결도

[표 1]에 TFT-LCD와 FPGA 사이의 핀 연결에 대해 정리하였고, 신호의 방향은 FPGA 입장에서 기술하며, 이들 신호 이름은 iNSPIRE에서 사용한 이름과 동일하다.

[표 1] FPGA-LCD 콘넥터 핀 연결

Signal name	Wid	Dir	FPGA pin	B2B
LCD_R	8	Out	L2,L1,K6,K5,K4,K3,K2,K1	J1-13,12,11,10,9,8,7,6
LCD_G	8	Out	N6,N5,N4,N3,N2,N1,M6,M5	J1-21,20,19,18,17,16,15,14
LCD_B	8	Out	R4,R2,R1,P6,P5,P4,P2,P1	J2-13,12,11,10,9,8,7,6
LCD_CLOCK	1	Out	L3	J1-22
LCD_DEN_N	1	Out	J1	J2-20
LCD_HSYNC_N	1	Out	L6	J-25
LCD_VSYNC_N	1	Out	L5	J2-24
LCD_RESET_N	1	Out	J6	J2-14
LCD_CS_N	1	Out	J5	J 2-15
LCD_ADC_SCLK	1	Out	J4	J2-17
LCD_ADC_SDI	1	Out	J2	J2-18

4 TFT-LCD 인터페이스

TFT-LCD는 다음 두 가지 동작 모드를 지원한다.

- **Sync mode**: 일반적인 VSYNC와 HSYNC로 프레임과 라인을 구분하고, CLOCK의 상승 모서리에 R/G/B 신호선에 입력된 디지털 값을 영상으로 출력하는 모드
- **DE mode**: VSYNC/HSYNC를 사용하지 않고 DE가 유효한 구간에서 CLOCK의 상승 모서리에 R/G/B 신호선에 입력된 디지털 값을 영상으로 출력하는 모드

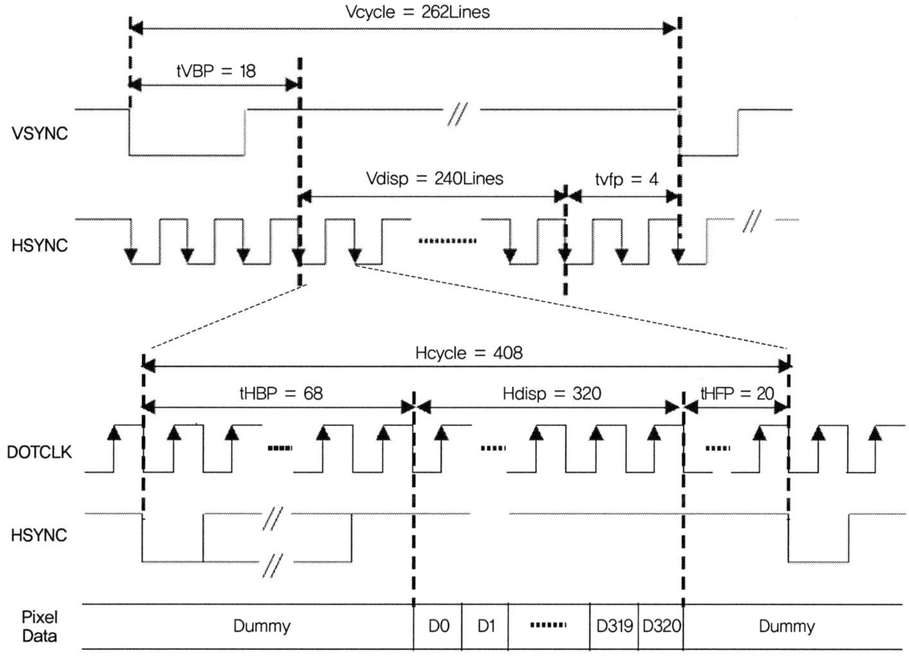

[그림 3] TFT-LCD의 sync mode 타이밍도

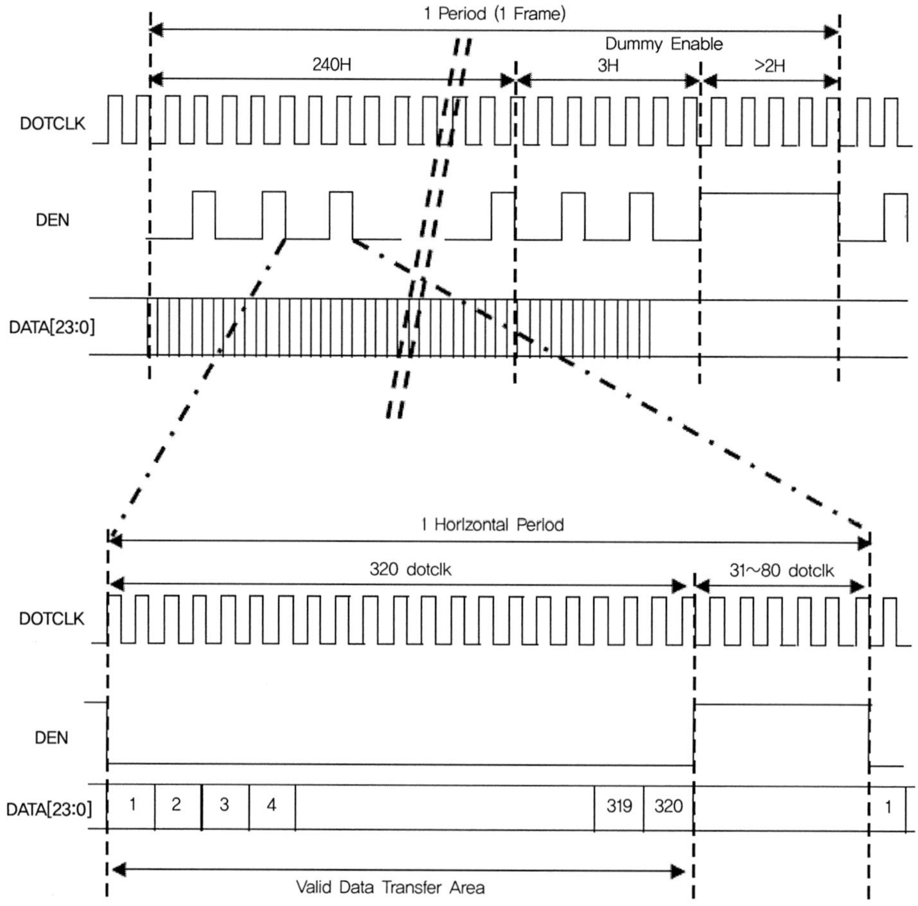

[그림 4] TFT-LCD의 DE mode 타이밍도

5 TFT-LCD 제어기 설계

[그림 2]에서 설명한 바와 같이 FPGA에 연결된 TFT-LCD를 사용하기 위해서는 [그림 5]에서와 같이 FPGA에 TFT-LCD를 제어할 제어 블록이 필요하며, 이 제어 블록은 [그림 3] 또는 [그림 4]에서 설명한 타이밍에 맞도록 신호를 정확하게 구동해야 한다. 아울러 비디오 정보는 일정 속도로 계속 공급되어야 하므로 프레임 메모리를 사용한다. 비디오 제어기에 대한 상세한 내용은 참고자료 [2]를 참조한다.

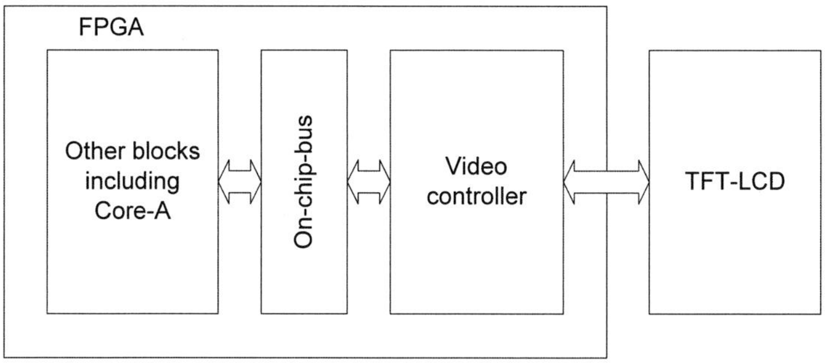

[그림 5] TFT-LCD 제어기와 Video DAC

6 UCF

```
NET LCD_BLANK_N   LOC=M3 | IOSTANDARD=LVCMOS33 ; # out
NET LCD_SYNC_N    LOC=L4 | IOSTANDARD=LVCMOS33 ; # out
NET LCD_CLOCK     LOC=L3 | IOSTANDARD=LVCMOS33 ; # out
NET LCD_PSAVE_N   LOC=M4 | IOSTANDARD=LVCMOS33 ; # out
NET LCD_G<0>      LOC=M5 | IOSTANDARD=LVCMOS33 ; # out
NET LCD_G<1>      LOC=M6 | IOSTANDARD=LVCMOS33 ; # out
NET LCD_G<2>      LOC=N1 | IOSTANDARD=LVCMOS33 ; # out
NET LCD_G<3>      LOC=N2 | IOSTANDARD=LVCMOS33 ; # out
NET LCD_G<4>      LOC=N3 | IOSTANDARD=LVCMOS33 ; # out
NET LCD_G<5>      LOC=N4 | IOSTANDARD=LVCMOS33 ; # out
NET LCD_G<6>      LOC=N5 | IOSTANDARD=LVCMOS33 ; # out
NET LCD_G<7>      LOC=N6 | IOSTANDARD=LVCMOS33 ; # out
NET LCD_B<0>      LOC=P1 | IOSTANDARD=LVCMOS33 ; # out
NET LCD_B<1>      LOC=P2 | IOSTANDARD=LVCMOS33 ; # out
NET LCD_B<2>      LOC=P4 | IOSTANDARD=LVCMOS33 ; # out
NET LCD_B<3>      LOC=P5 | IOSTANDARD=LVCMOS33 ; # out
NET LCD_B<4>      LOC=P6 | IOSTANDARD=LVCMOS33 ; # out
NET LCD_B<5>      LOC=R1 | IOSTANDARD=LVCMOS33 ; # out
NET LCD_B<6>      LOC=R2 | IOSTANDARD=LVCMOS33 ; # out
NET LCD_B<7>      LOC=R4 | IOSTANDARD=LVCMOS33 ; # out
NET LCD_R<0>      LOC=K1 | IOSTANDARD=LVCMOS33 ; # out
NET LCD_R<1>      LOC=K2 | IOSTANDARD=LVCMOS33 ; # out
NET LCD_R<2>      LOC=K3 | IOSTANDARD=LVCMOS33 ; # out
NET LCD_R<3>      LOC=K4 | IOSTANDARD=LVCMOS33 ; # out
NET LCD_R<4>      LOC=K5 | IOSTANDARD=LVCMOS33 ; # out
NET LCD_R<5>      LOC=K6 | IOSTANDARD=LVCMOS33 ; # out
NET LCD_R<6>      LOC=L1 | IOSTANDARD=LVCMOS33 ; # out
NET LCD_R<7>      LOC=L2 | IOSTANDARD=LVCMOS33 ; # out
NET LCD_VSYNC_N   LOC=L5 | IOSTANDARD=LVCMOS33 ; # out
```

```
NET LCD_HSYNC_N  LOC=L6 | IOSTANDARD=LVCMOS33 ; # out
NET LCD_CS_N     LOC=J5 | IOSTANDARD=LVCMOS33 ; # out
NET LCD_DEN_N    LOC=J1 | IOSTANDARD=LVCMOS33 ; # out
NET LCD_RESET_N  LOC=J6 | IOSTANDARD=LVCMOS33 ; # out
NET LCD_ADC_SCLK LOC=J4 | IOSTANDARD=LVCMOS33 ; # out
NET LCD_ADC_SDI  LOC=J2 | IOSTANDARD=LVCMOS33 ; # out
NET ADC_CS_N     LOC=C1 | IOSTANDARD=LVCMOS33 ; # out
NET ADC_SDO      LOC=C2 | IOSTANDARD=LVCMOS33 ; # in
NET ADC_IRQ_N    LOC=C3 | IOSTANDARD=LVCMOS33 ; # in
NET ADC_BUSY     LOC=C4 | IOSTANDARD=LVCMOS33 ; # in
```

7 참고자료

[1] Color Active Matrix Liquid Crystal Display with a white LED backlight assembly, Diagonal 3.5 inch with the Landscape typed QVGA resolution, LG.PHILIPS LCD, 2007.

[2] 기안도, Core-A 프로세서를 활용한 플랫폼 설계, 제6장 영상출력플랫폼, 홍릉과학출판사, 2010.

[3] Dynalith Systems, Video Controller Specification, Application Note, 2009.

3

Touch Screen[3]

Core–A 영상 입출력 보드에 있는 TFT–LCD의 터치 스크린 대해 상세하게 살펴본다.

1 Core–A 보드의 터치스크린

Core-A 개발 보드에 장착되는 영상 입출력 보드에 있는 터치 스크린(touch screen)이 지원되는 TFT-LCD가 있고, 이 터치 스크린의 출력은 ADC(Analog Digital Converter)를 통해 디지털 정보로 변환된다.

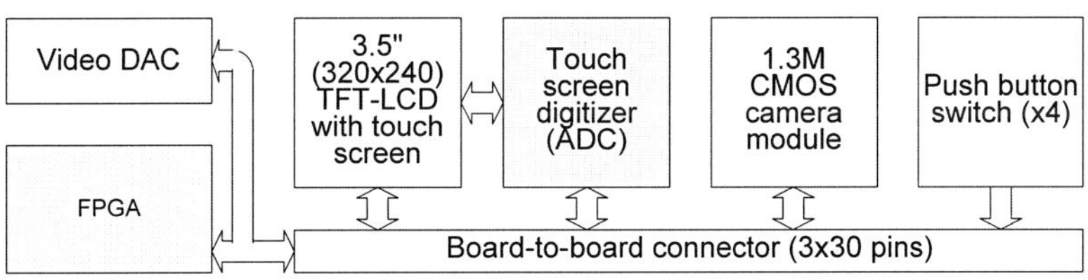

[그림 1] 영상 입출력 장치

2 Touch screen 과 양자화 소자(digitizer)

Core-A 영상 입출력 보드에 사용된 TFT-LCD는 터치 스크린이 통합되어 있고, 터치 스크린에서 4개 아날로그 출력 신호가 나오며, 이 신호를 디지털 정보로 변환하기 위해 다음 양자화 소자를 사용한다.

- Analog Devices, Touch Screen Digitizer, AD7843

---

[3] Thin Film Transistor Liquid Crystal Display Touch Screen

터치 스크린과 관련하여 FPGA와 연관이 있는 신호는 양자화 소자이므로 이 소자의 입출력에 대해 정리한다. 낮은 전압 값이 유효한 경우 신호 이름 뒤에 '_N'을 붙여서 구별한다.

- X+, Y+, X−, Y−: Touch screen position
- CS_N: Chip Select – Active Low
- DCLK (LCD_ADC_SCLK): External Clock Input – 양자화를 위한 변환 클럭으로 사용되고 동시에 인터페이스를 통한 정보 전달에도 사용됨
- DIN (LCD_ADC_SDI): Data In – DCLK의 상승 모서리에 입력된 신호가 내부 레지스터에 사용됨
- DOUT: Data Out – high-impedance when CS_N is high; DCLK의 하강 모서리에 내부 레지스터의 값이 출력됨
- BUSY: Busy Out – high-impedance when CS_N is high
- IRQ_N: Interrupt Out

CS_N, DCLK, DIN, DOUT은 SPI 인터페이스를 사용한다.

3 Touch-Screen-FPGA 연결

[그림 2]에 보인 바와 같이 일부 핀은 TFT-LCD와 공유한다.

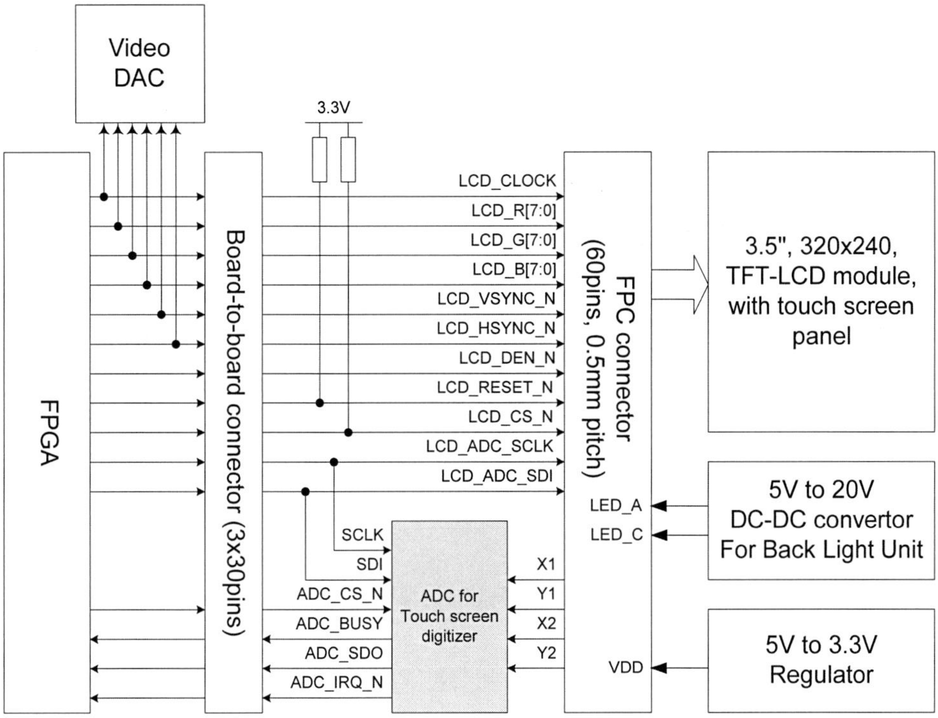

[그림 2] 터치 스크린 용 핀 연결도

[표 1]에 터치 스크린용 양자화 소자와 FPGA 사이의 핀 연결에 대해 정리하였고, 신호의 방향은 FPGA 입장에서 기술하며, 이들 신호 이름은 iNSPIRE에서 사용한 것과 동일하다.

[표 1] FPGA-터치 스크린용 핀 연결

Signal name	Wid	Dir	FPGA pin	B2B
ADC_BUSY	1	In	C4	J2-22
ADC_CS_N	1	Out	C1	J2-16
ADC_IRQ_N	1	In	C3	J2-21
ADC_SDO	1	In	C2	J2-19
LCD_ADC_SCLK	1	Out	J4	J2-17
LCD_ADC_SDI	1	Out	J2	J2-18

4 터치 스크린 양자화 소자 인터페이스

터치 스크린 양자화 소자 인터페이스는 [그림 3]과 같이 동작한다. 한 번의 전송에는 총 24개 클럭이 사용되며, 첫 8개 클럭은 입력에 사용되고, 이어지는 16개 클럭은 출력에 사용된다. DIN(LCD_ADC_SDI)에 실리는 정보는 양자화 소자 내부에서 DCLK(LCD_ADC_SCLK)의 상승 모서리에 래치되고, DOUT(ADC_SDO)는 DCLK의 하강 모서리에 양자화 소자 외부로 출력된다.

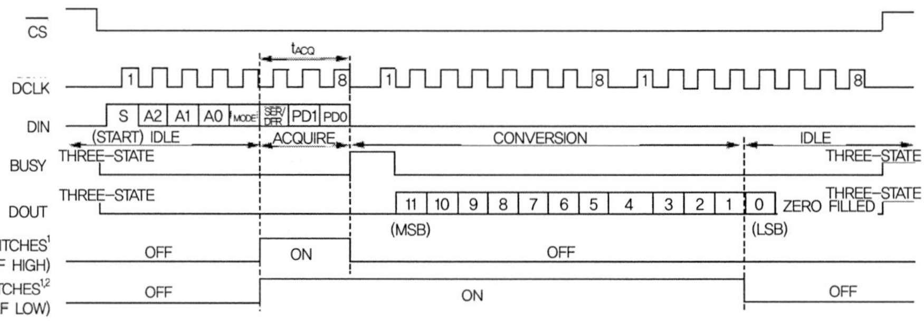

[그림 3] 터치 스크린 양자화 소자의 인터페이싱 타이밍도

DIN을 통해 전달되는 첫 8개 비트는 다음과 같은 의미를 갖는데 보다 상세한 내용은 참고자료 [1]을 참조한다.

비트	이름	의미
7	S	높은 전압 값으로 시작 비트
6-4	A2-A0	채널 선택; 양자화 소자 의 채널과 내부의 여러 부분을 선택
3	Mode	12-비트 또는 8-비트 모드를 선택; '0'일 때 12-비트 모드
2	SER/DFR_N	Single-ended/Differential 선택
1-0	PD1, PD0	전력 관리 비트; PD1 이 '0'이면 저전력 상태로, PD0 가 '1'이면 PENIRQ_N 이 비활성화

5 터치 스크린 제어기 설계

[그림 2]에서 설명한 바와 같이 FPGA에 연결된 터치 스크린을 사용하기 위해서는 [그림 4]에서와 같이 FPGA에 터치 스크린용 양자화 소자를 제어할 제어 블록이 필요하며, 이 제어 블록은 [그림 3]에서 설명한 타이밍에 맞도록 신호를 정확하게 구동해야 한다.

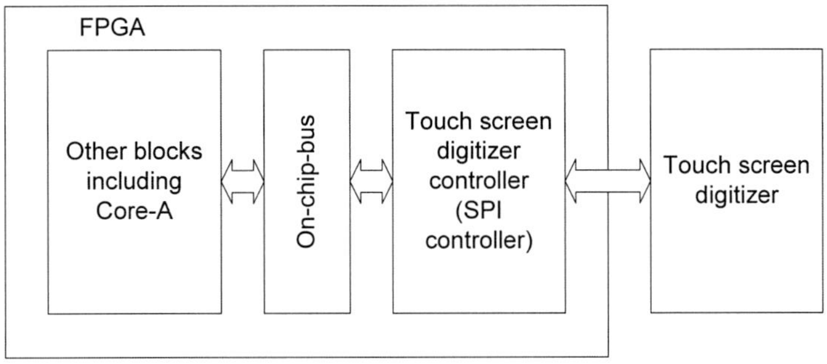

[그림 4] 터치 스크린 제어기와 터치 스크린

6 UCF

```
NET LCD_ADC_SCLK LOC=J4 | IOSTANDARD=LVCMOS33 ; # out
NET LCD_ADC_SDI  LOC=J2 | IOSTANDARD=LVCMOS33 ; # out
NET ADC_CS_N     LOC=C1 | IOSTANDARD=LVCMOS33 ; # out
NET ADC_SDO      LOC=C2 | IOSTANDARD=LVCMOS33 ; # in
NET ADC_IRQ_N    LOC=C3 | IOSTANDARD=LVCMOS33 ; # in
NET ADC_BUSY     LOC=C4 | IOSTANDARD=LVCMOS33 ; # in
```

7 참고자료

[1] Analog Devices, Touch Screen Digitizer, AD8743, Rev.B, 2004.

[2] iNCITE-5000 보드를 이용한 터치 스크린 예제, DS-AN-2010-06-001, 다이나릿시스템

4 이미지 센서[4]

Core-A 영상 입출력 보드에 있는 이미지 센서에 대해 상세하게 살펴본다.

1 Core-A 보드의 영상 입력

Core-A 개발 보드에 장착되는 영상 입출력 보드에 있는 이미지 센서(image sensor) 모듈을 통해 영상을 입력할 수 있다.

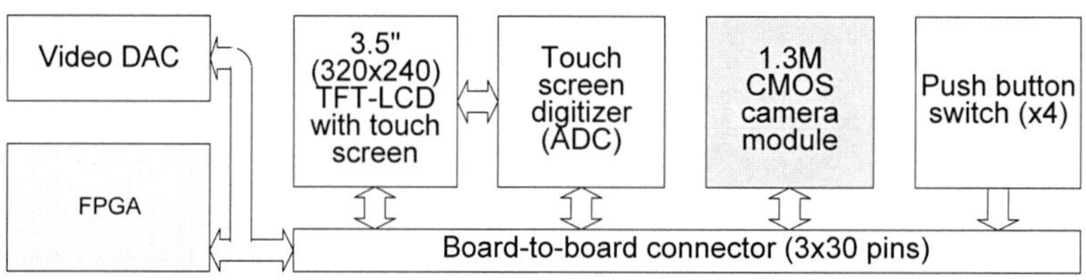

[그림 1] 영상 입출력 장치들

2 이미지 센서 모듈

Core-A 영상 입출력 보드에 사용된 이미지 센스 모듈은 다음 제어 칩을 사용한다.

- Micron, 1/3-Inch SOC Megapixel CMOS Digital Image Sensor, MT9M111

이미지 센서의 주요 핀의 기능은 다음과 같다. 낮은 전압 값이 유효한 경우 신호 이름 뒤에 '_N'을 붙여서 구별한다. MT9M111 칩에는 있지만 카메라 모듈에는 없

[4] Image Sensor

는 신호들이 있다.

- CLKIN (CIS_MCLK): Master clock
- OE_N: Output enable for DOUT[7:0]– active-low
- RESET_N: Asynchronous reset – active-low
- SADDR: I2C address – '0' for 0x90, '1' for 0xBA
- SCLK (CIS_SCL): I2C clock
- SDATA (CIS_SDA): I2C data
- STANDBY (CIS_OE_N): Active-high disable
- DOUT[7:0] (CIS_D): Pixel data – '0' for lsb.
- FRAME_VALID (CIS_VSYNC): Active-high frame valid
- LINE_VALID (CIS_HSYNC): Active-high line valid
- PIXCLK (CIS_PCLK): Pixel clock

MT9M111에는 SADDR 신호 입력에 따라 I2C 디바이스 어드레스가 선택되지만 여기서는 '0xBA'로 고정된 경우를 사용한다.

3 이미지 센서와 FPGA 연결

이미지 센서 모듈은 2.8V 신호를 사용하기 때문에 FPGA의 3.3V 신호와의 연동을 위해 중간에 전압 변환 소자를 사용하고, 일부 신호는 풀업한다.

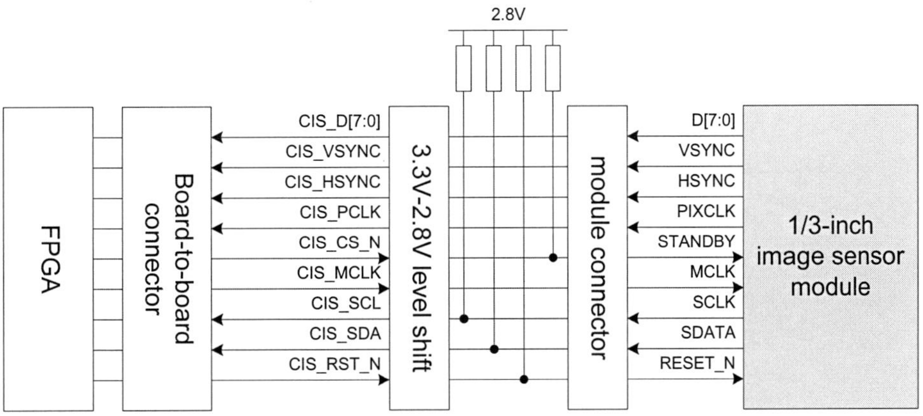

[그림 2] 이미지 센서 모듈 연결도

[표 1]에 이미지 센서와 FPGA 사이의 핀 연결에 대해 정리하였고, 신호의 방향은 FPGA 입장에서 기술하며, 이들 신호 이름은 iNSPIRE에서 사용한 것과 동일하다.

[표 1] FPGA-이미지 센서 모듈 핀 연결

Signal name	Wid	Dir	FPGA pin	B2B
CIS_D	8	In	F4,F3,F2,E4,E3,E2,E1,D4	J3-13,12,11,10,9,8,7,6
CIS_HSYNC	1	In	G4	J3-18
CIS_MCLK	1	Out	G1	J3-15
CIS_OE_N	1	Out	D1	J2-23
CIS_PCLK	1	In	F5	J3-14
CIS_RST_N	1	Out	G2	J3-16
CIS_SCL	1	Out	D2	J2-24
CIS_SDA	1	In/Out	D3	J2-25
CIS_VSYNC	1	In	G3	J3-17

4 이미지 센서 인터페이스

이미지 센서는 [그림 3]에 정리한 바와 같이 FRAME_VALID(VSYNC)와 LINE_VALID(HSYNC)로 유효한 구간을 정의하고, 유효 구간에서 PXCLK(CIS_PCLK)의 상승 모서리에 픽셀 값이 이미지 센서로부터 출력된다.

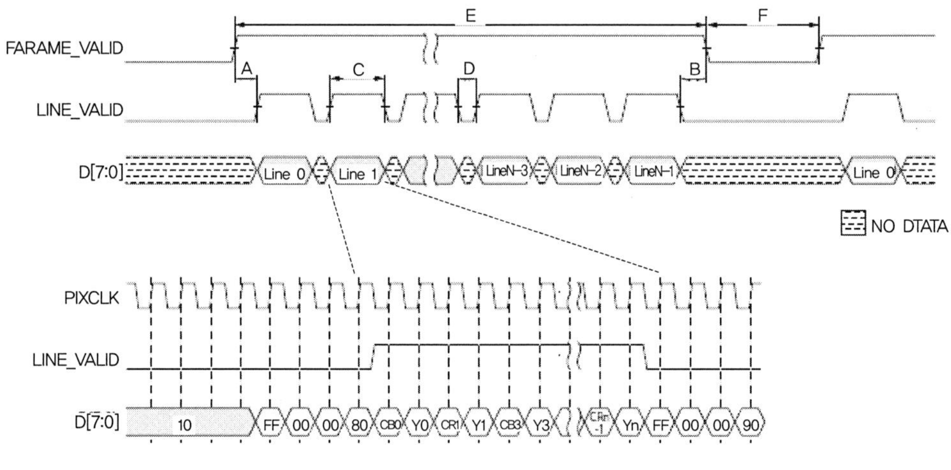

[그림 3] 이미지 센서 인터페이싱 타이밍도

이미지 센서 모듈에 있는 칩의 내부 자원을 참조하는데 I2C 프로토콜을 사용하며, I2C 디바이스 어드레스는 '0xBA'이고, MT9M111의 경우 내부의 레지스터들은 16-비트이며 레지스터 주소도 16-비트 단위로 구성되어 있고, I2C를 통해 16-비트 단위 또는 8-비트 단위로 참조할 수 있다.

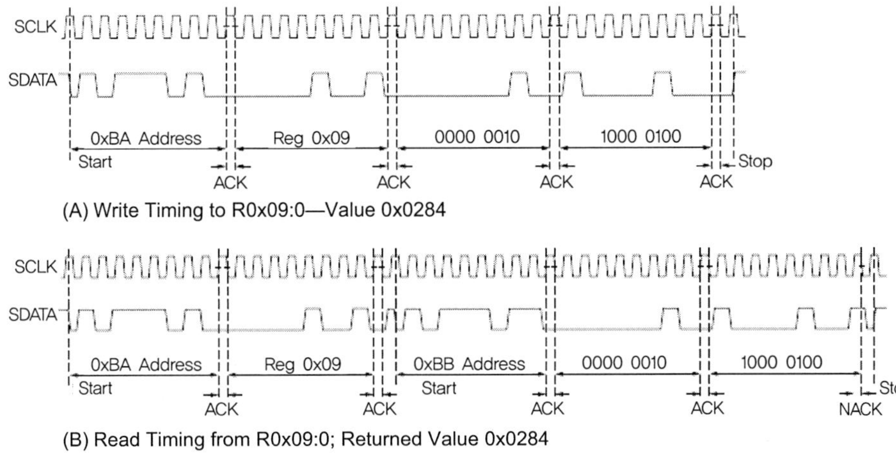

[그림 4] 이미지 센서의 I2C 타이밍도

5 이미지 센서 제어기 설계

[그림 2]에서 설명한 바와 같이 FPGA에 연결된 이미지 센서를 사용하기 위해서는 [그림 5]에서와 같이 FPGA에 이미지 센서를 제어할 제어 블록이 필요하며, 이 제어 블록은 [그림 3] 또는 [그림 4]에서 설명한 타이밍에 맞도록 신호를 정확하게 구동해야 한다. 아울러 비디오 정보는 일정 속도로 계속 공급되어야 하므로 프레임 메모리를 사용한다. 이미지 센서 제어기에 대한 상세한 내용은 참고자료 [2]를 참조한다.

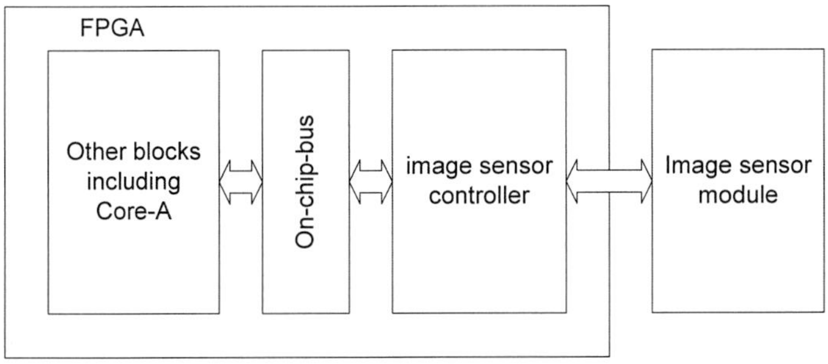

[그림 5] 이미지 센서와 제어기

6 UCF

```
NET CIS_OE_N   LOC=D1 | IOSTANDARD=LVCMOS33 ; # out
NET CIS_SCL    LOC=D2 | IOSTANDARD=LVCMOS33 ; # inout
NET CIS_SDA    LOC=D3 | IOSTANDARD=LVCMOS33 ; # inout
NET CIS_D<0>   LOC=D4 | IOSTANDARD=LVCMOS33 ; # in
NET CIS_D<1>   LOC=E1 | IOSTANDARD=LVCMOS33 ; # in
NET CIS_D<2>   LOC=E2 | IOSTANDARD=LVCMOS33 ; # in
NET CIS_D<3>   LOC=E3 | IOSTANDARD=LVCMOS33 ; # in
NET CIS_D<4>   LOC=E4 | IOSTANDARD=LVCMOS33 ; # in
NET CIS_D<5>   LOC=F2 | IOSTANDARD=LVCMOS33 ; # in
NET CIS_D<6>   LOC=F3 | IOSTANDARD=LVCMOS33 ; # in
NET CIS_D<7>   LOC=F4 | IOSTANDARD=LVCMOS33 ; # in
NET CIS_PCLK   LOC=F5 | IOSTANDARD=LVCMOS33 ; # in
NET CIS_MCLK   LOC=G1 | IOSTANDARD=LVCMOS33 ; # out
NET CIS_RST_N  LOC=G2 | IOSTANDARD=LVCMOS33 ; # out
NET CIS_VSYNC  LOC=G3 | IOSTANDARD=LVCMOS33 ; # in
NET CIS_HSYNC  LOC=G4 | IOSTANDARD=LVCMOS33 ; # in
```

7 참고자료

[1] Micron, 1/3-Inch SOC Megapixel CMOS Digital Image Sensor, MT9M111, 2004.

[2] Dynalith Systems, Image Sensor Controller Specification, Application Note, 2010.

[3] Dynalith Systems, Image sensor using Core-A and AMBA Based Platform on iNCITE-5000, Application Note DS-AN-2010-04-003.

5 누름 스위치[5]

Core-A 영상 입출력 보드에 있는 누름 스위치에 대해 상세하게 살펴본다.

1 Core-A 영상 입출력 보드의 스위치

Core-A 개발 보드에 장착되는 영상 입출력 보드에 있는 누름 스위치(push button switch)에 대해 설명한다.

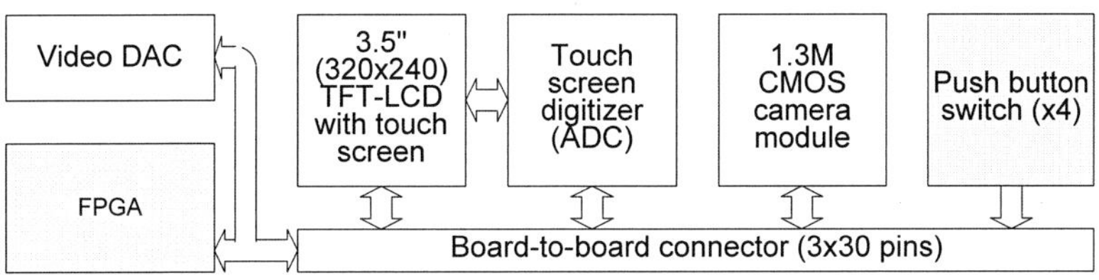

[그림 1] 영상 입출력 장치

2 누름 스위치

영상 입출력 보드에 있는 누름 스위치는 [그림 2]와 같이 스위치를 누르지 않은 경우 FPGA에 높은 전압이 전달되고, 스위치를 누른 경우 낮은 전압이 된다.

5 push button switch

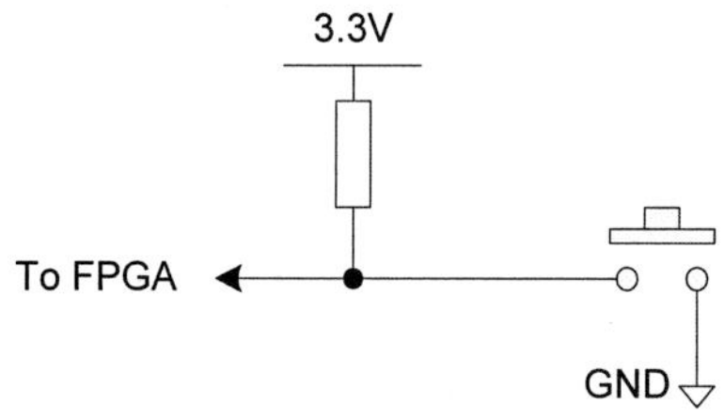

[그림 2] 누름 스위치의 구성

3 누름 스위치와 FPGA 연결

영상 입출력 보드에 있는 누름 스위치 4개는 [그림 3] 같이 FPGA와 연결된다.

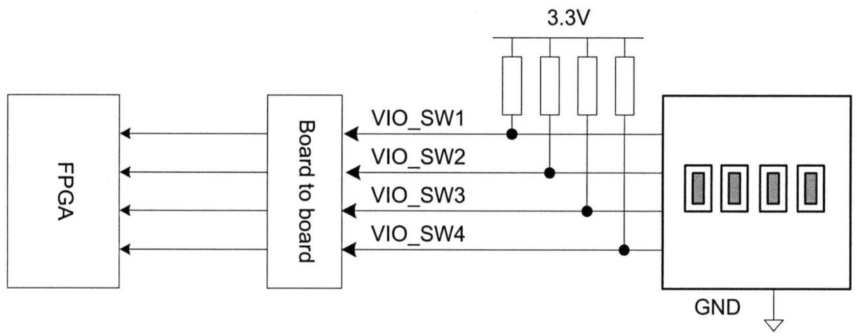

[그림 3] 누름 스위치 연결도

[표 1]에 스위치와 FPGA 사이의 핀 연결에 대해 정리하였고, 신호의 방향은 FPGA 입장에서 기술하며, 이들 신호 이름은 iNSPIRE에서 사용한 것과 동일하다.

[표 1] FPGA-스위치 핀 연결

Signal name	Wid	Dir	FPGA pin	B2B
VIO_SW1	1	In	G5	J3-19
VIO_SW2	1	In	G6	J3-20
VIO_SW3	1	In	A11	J3-21
VIO_SW4	1	In	B11	J3-22

4 누름 스위치 제어기 설계

누름 스위치는 매우 간단하기 때문에 GPIO(General Purpose Input Output) 제어기를 통해 제어하는 것이 일반적이다. 사용에 주의할 점으로 디바운스(de-bounce[6]) 기능을 구현하는 것이 필요하다. 이는 누름 스위치를 동작 시킬 때 접점이 연결되고 끊기는 동작에 의해 불필요하게 발생하는 노이즈 신호를 제거하기 위해 필요하며, 하드웨어와 소프트웨어로 구현이 가능하다.

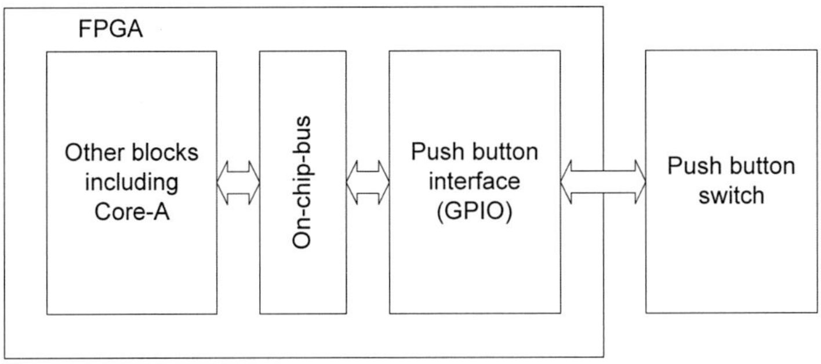

[그림 4] 스위치 제어기와 터치 스크린

5 UCF

```
NET VIO_SW1  LOC=G5  | IOSTANDARD=LVCMOS33 ; # in
NET VIO_SW2  LOC=G6  | IOSTANDARD=LVCMOS33 ; # in
NET VIO_SW3  LOC=A11 | IOSTANDARD=LVCMOS33 ; # in
NET VIO_SW4  LOC=B11 | IOSTANDARD=LVCMOS33 ; # in
```

[6] Anti-Chattering

제 IV 부

Core-A 개발 보드용 기초 실습 보드

1 Core-A 개발 보드 용 기초 실습 보드[1]

Core-A 개발 보드에 적용하여 비교적 단순한 디지털 회로 설계를 실습할 수 있는 보드에 대해 설명한다.

1 Core-A 개발 보드

Core-A 개발 보드는 [그림 1]에 나타낸 것과 같이 FPGA, 메모리, 주변장치, 추가 보드로 구성되며, 여기에서는 추가 보드의 한 종류인 기초 실습 보드에 대해 설명한다.

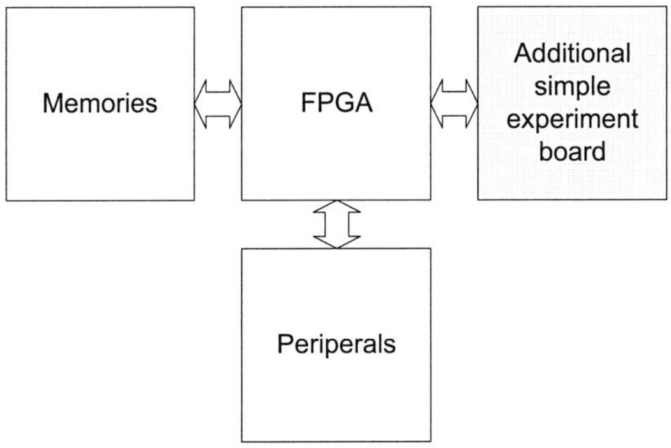

[그림 1] Core-A 개발 보드와 영상 입출력 보드

2 기초 실습 보드

Core-A 기초 실습 보드는 Core-A 개발 보드에 장착되며 [그림 2]와 같이 키패드, 스위치, 세븐세그먼터 LED, GPIO 등으로 구성된다.

---

1 Simple experiment board for Core-A system development board

- Keypad
  - Numeric Keypad
  - 4x3 keys
- Push button switch
  - 7 switches
- Slide button switch
  - 7 switches
- Joystick switch
  - 5 position switch: North, South, East, West and center
- LED
  - 7 LEDs
- GPIO
  - 16x2 pins
  - 15 user signals
  - 15 GND
- I2C EEPROM: board identification

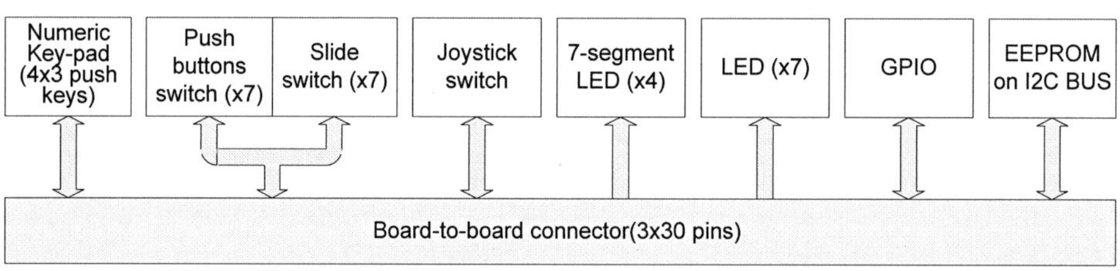

[그림 2] Core-A 기초 실습 보드의 블록도

2.1 Top view

[그림 3]은 Core-A 개발 보드에 장착된 Core-A 기초 실습 보드를 위에서 내려다 본 것이다.

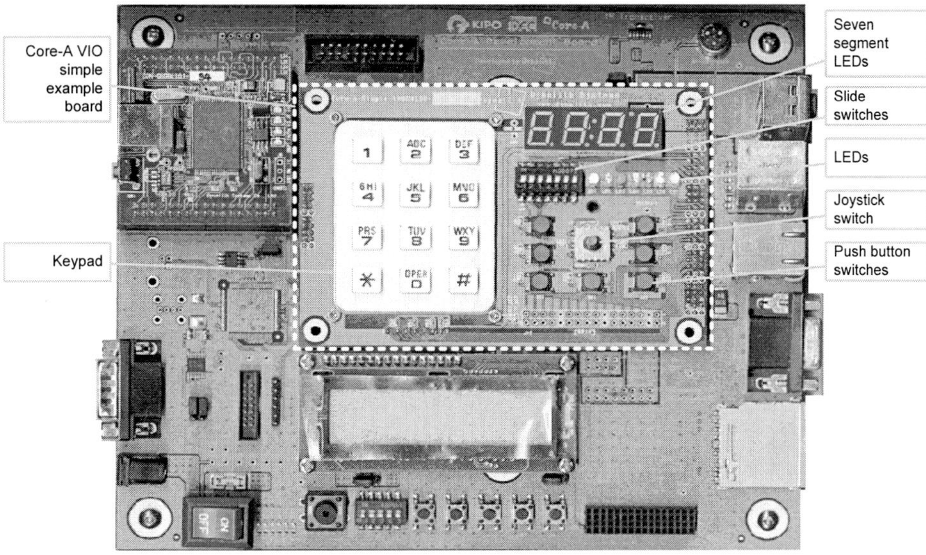

[그림 3] Core-A 기초 실습 보드 (Core-A 개발 보드에 장착된 모습)

3 참고자료

[1] 다이나릿시스템, Core-A 개발 보드 사용자 매뉴얼, 2009.

[2] 다이나릿시스템, Core-A 기초 실습 보드 사용자 매뉴얼, 2010.

2 Keypad

Core-A 기초 실습 보드에 있는 키패드에 대해 상세하게 살펴본다.

1 Core-A 기초 실습 보드의 키패드

Core-A 개발 보드에 장착되는 기초 실습 보드에 있는 키패드(keypad)에 대해 설명한다.

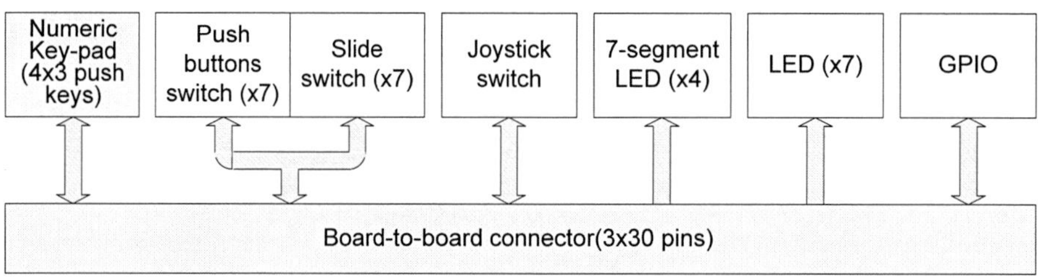

[그림 1] 기초 실습 보드

2 Keypad

Core-A 기초 실습 보드에 사용된 키패드는 일반적으로 많이 사용하는 4×3 숫자판 누름 스위치이며 특정 키가 눌려지면 X와 Y 신호선이 연결된다.

3 Keypad–FPGA 연결

[그림 2]에 보인 바와 같이 키패드 입장에서 입력 신호들은 FPGA에서 낮은 전압으로 구동되고, 출력 신호들은 풀업되어 있다.

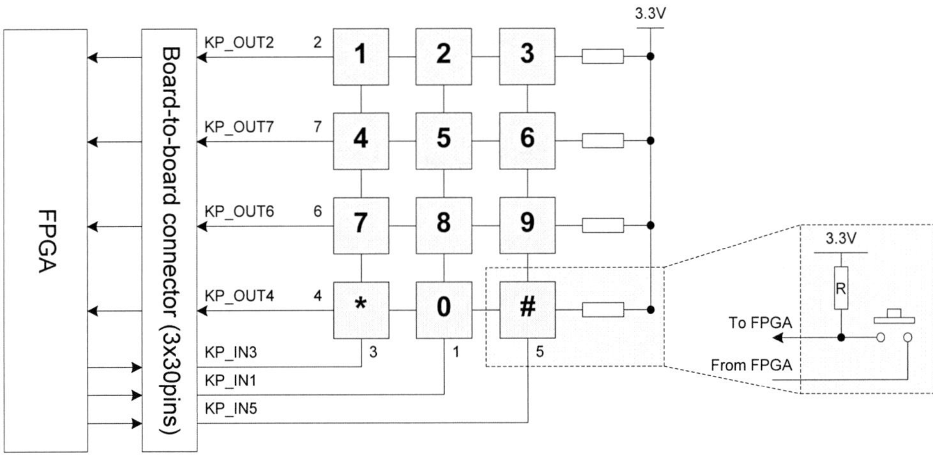

[그림 1] Keypad연결도

[표 1]에 키패드와 FPGA 사이의 핀 연결에 대해 정리하였고, 신호의 방향은 FPGA 입장에서 기술하며, 이들 신호 이름은 iNSPIRE에서 사용한 것과 동일하다.

[표 1] FPGA와 keypad 핀 연결

Signal name	Wid	Dir	FPGA pin	B2B
KP_IN1	1	Out	D3	J2–25
KP_IN3	1	Out	D2	J2–24
KP_IN5	1	Out	D1	J2–23
KP_OUT2	1	In	L6	J1–25
KP_OUT4	1	In	L5	J1–24
KP_OUT6	1	In	M3	J1–23
KP_OUT7	1	In	B11	J3–22

4 Keypad 제어기 설계

[그림 2]에서 설명한 바와 같이 FPGA에 연결된 키패드를 사용하기 위해서는 [그림 3]에서와 같이 FPGA에 키패드를 제어할 제어 블록이 필요하다.

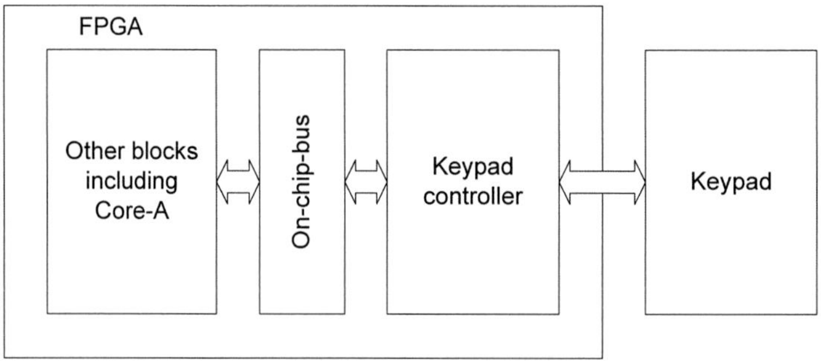

[그림 2] 키패드 제어기와 키패드

5 UCF

```
NET KP_IN1   LOC=D3  | IOSTANDARD=LVCMOS33 ; # out
NET KP_IN3   LOC=D2  | IOSTANDARD=LVCMOS33 ; # out
NET KP_IN5   LOC=D1  | IOSTANDARD=LVCMOS33 ; # out
NET KP_OUT2  LOC=L6  | IOSTANDARD=LVCMOS33 ; # in
NET KP_OUT4  LOC=L5  | IOSTANDARD=LVCMOS33 ; # in
NET KP_OUT6  LOC=M3  | IOSTANDARD=LVCMOS33 ; # in
NET KP_OUT7  LOC=B11 | IOSTANDARD=LVCMOS33 ; # in
```

3 7-Segment LED

Core-A 기초 실습 보드에 있는 세븐 세그먼터 LED 에 대해 상세하게 살펴본다.

1 Core-A 기초 실습 보드의 세븐 세그먼트

Core-A 개발 보드에 장착되는 기초 실습 보드에 있는 세븐 세그먼트 LED(7-Segment LED)에 대해 설명한다.

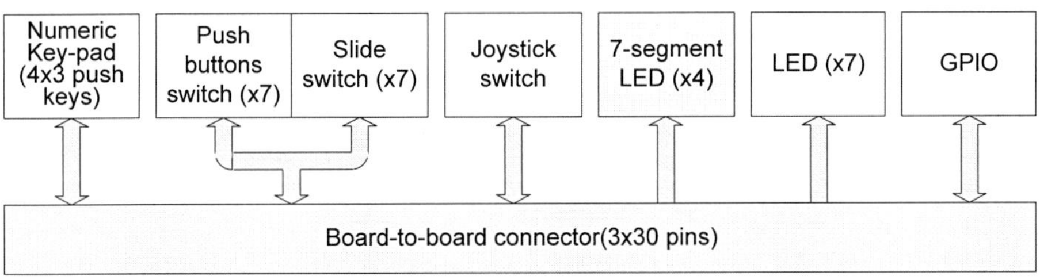

[그림 1] 기초 실습 보드

2 7-segment LED

Core-A 기초 실습 보드에 사용된 세븐 세그먼트 LED는 총 4개 디지트와 시간 표시에 사용할 수 있는 점들로 구성된다.

- S-3491ASR/24

사용한 세븐 세그먼트에는 소수점을 포함한 디지트 표현 LED가 네 개 그룹이 있고, 추가로 시간 표현(CD: Clock Dot)과 점 표시(SD: Single Dot)를 위한 부분이 있다. 'a/b/c/d/e/f/g/dp'로 지정된 LED를 어떻게 동작 시키느냐에 따라 숫자와 다양한 모양을 만들 수 있다.

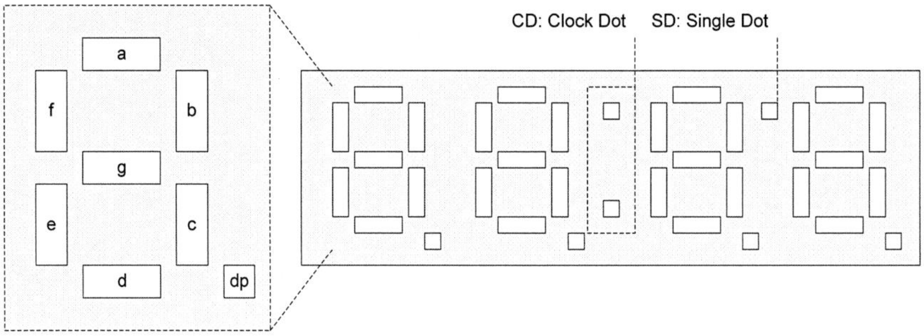

[그림 2] 7-segment LED의 구성

3 7-segment LED-FPGA 연결

[그림 3]에 보인 바와 같이 LED의 입력과 출력을 FPGA에서 제어한다. 4개 숫자 LED는 한 번에 한 개만이 선택되어야 한다. 즉, 'SS_SEL1/SS_SEL2/SS_SEL3/SS_SEL4' 중 하나 만이 '1'로 출력 되어야 한다.

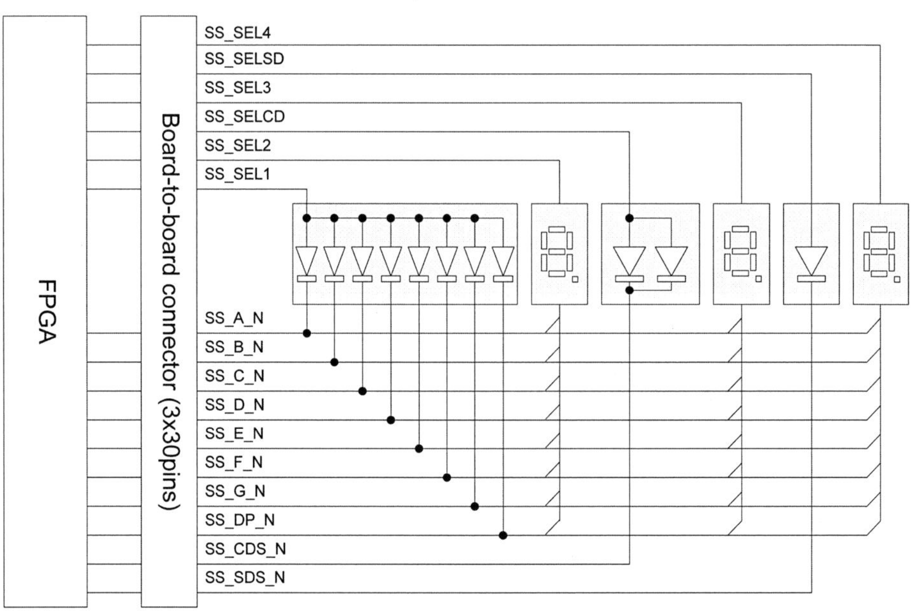

[그림 3] 7-segment LED 연결도

[표 1]에 세븐 세그먼터 LED와 FPGA 사이의 핀 연결에 대해 정리하였고, 신호의 방향은 FPGA 입장에서 기술하며, 이들 신호 이름은 iNSPIRE에서 사용한 것과 동일하다.

[표 1] FPGA와 7-segment LED 핀 연결

Signal name	Wid	Dir	FPGA pin	B2B
SS_SEL1	1	Out	K6	J1-11
SS_SEL2	1	Out	E4	J3-10
SS_SEL3	1	Out	P5	J2-9
SS_SEL4	1	Out	E2	J3-8
SS_SELCD	1	Out	K5	J1-10
SS_SELSD	1	Out	P1	J2-6
SS_A_N	1	Out	E1	J3-7
SS_B_N	1	Out	P4	J2-8
SS_C_N	1	Out	P2	J2-7
SS_D_N	1	Out	P6	J2-10
SS_E_N	1	Out	E3	J3-9
SS_F_N	1	Out	D4	J3-6
SS_G_N	1	Out	K3	J1-8
SS_DP_N	1	Out	K4	J1-9
SS_CDS_N	1	Out	K2	J1-7
SS_SDS_N	1	Out	K1	J1-6

4 7-segment LED 제어기 설계

[그림 3]에서 설명한 바와 같이 FPGA에 연결된 세븐 세그먼트 LED를 사용하기 위해서는 [그림 4]에서와 같이 FPGA에 세븐 세그먼트 LED를 제어할 제어 블록이 필요하다.

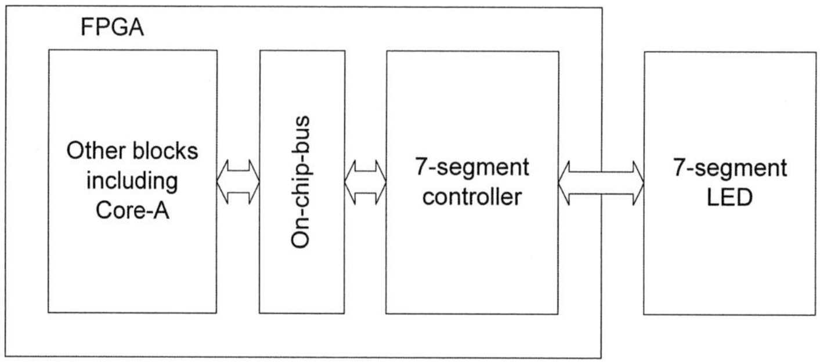

[그림 4] 7-segment 제어기와 7-segment LED

5 UCF

```
NET SS_SEL1   LOC=K6 | IOSTANDARD=LVCMOS33 ; # out
NET SS_SEL2   LOC=E4 | IOSTANDARD=LVCMOS33 ; # out
NET SS_SEL3   LOC=P5 | IOSTANDARD=LVCMOS33 ; # out
NET SS_SEL4   LOC=E2 | IOSTANDARD=LVCMOS33 ; # out
NET SS_SELCD  LOC=K5 | IOSTANDARD=LVCMOS33 ; # out
NET SS_SELSD  LOC=P1 | IOSTANDARD=LVCMOS33 ; # out
NET SS_A      LOC=E1 | IOSTANDARD=LVCMOS33 ; # out
NET SS_B      LOC=P4 | IOSTANDARD=LVCMOS33 ; # out
NET SS_C      LOC=P2 | IOSTANDARD=LVCMOS33 ; # out
NET SS_D      LOC=P6 | IOSTANDARD=LVCMOS33 ; # out
NET SS_E      LOC=E3 | IOSTANDARD=LVCMOS33 ; # out
NET SS_F      LOC=D4 | IOSTANDARD=LVCMOS33 ; # out
NET SS_G      LOC=K3 | IOSTANDARD=LVCMOS33 ; # out
NET SS_DP     LOC=K4 | IOSTANDARD=LVCMOS33 ; # out
NET SS_CDS    LOC=K2 | IOSTANDARD=LVCMOS33 ; # out
NET SS_SDS    LOC=K1 | IOSTANDARD=LVCMOS33 ; # out
```

4 Switches

Core-A 기초 실습 보드에 있는 스위치에 대해 상세하게 살펴본다.

1 Core-A 기초 실습 보드의 스위치

Core-A 개발 보드에 장착되는 기초 실습 보드에 있는 스위치(switch)들에 대해 설명한다.

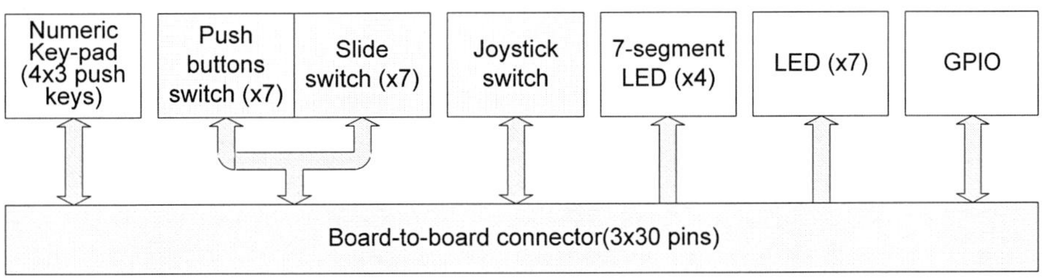

[그림 1] 기초 실습 보드

2 7 Switch

Core-A 기초 실습 보드에는 세 가지 종류의 스위치가 있다.

- **누름 스위치** (push button switch) **7개:** 스위치를 눌렀을 때 낮은 전압이 됨
- **슬라이드 스위치** (slide switch) **7개:** 스위치를 일정 상태로 고정할 수 있음
- **조이스틱 스위치** (joystick switch) **1개:** 5개 접점을 갖는 조이스틱 기능의 스위치

누름 스위치와 슬라이드 스위치는 신호선을 공유하고, 모든 스위치에는 연동되는 LED가 있어서 스위치가 동작되어 해당 신호선이 낮은 전압이 되면 LED가 켜진다.

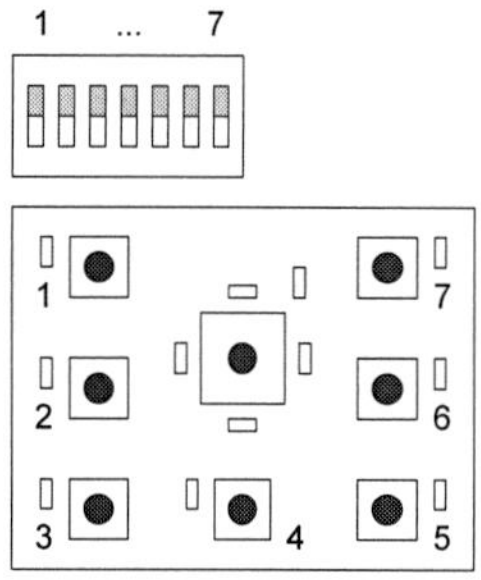

[그림 2] 누름 스위치와 슬라이드 스위치 그리고 조이스틱 스위치

3 Switch 와 FPGA 연결

[그림 3]에 보인 바와 같이 모든 스위치의 신호는 FPGA로 입력된다.

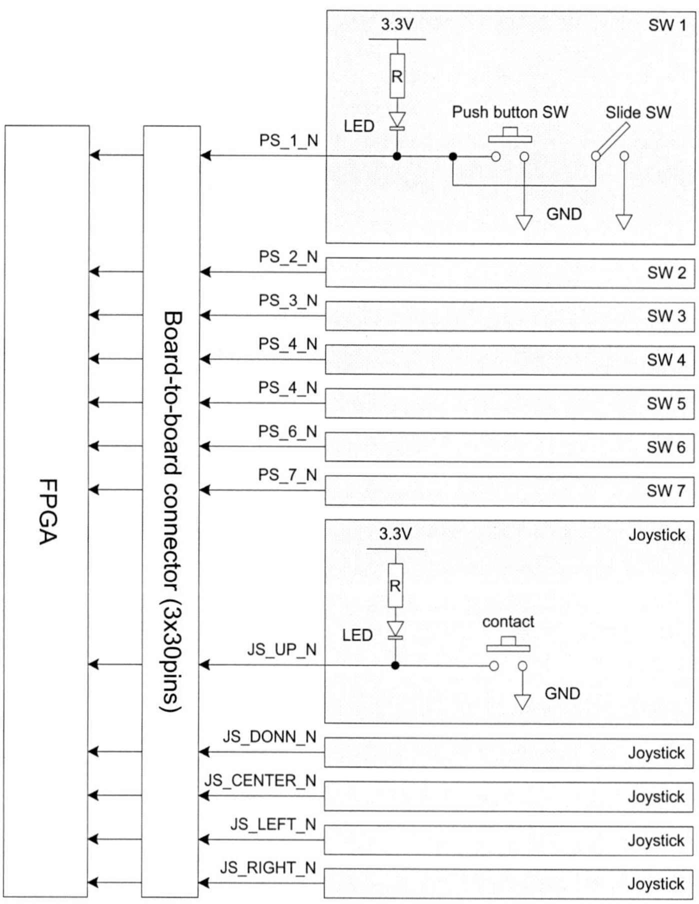

[그림 3] 7 Switch 연결도

[표 1]에 스위치와 FPGA 사이의 핀 연결에 대해 정리하였고, 신호의 방향은 FPGA 입장에서 기술하며, 이들 신호 이름은 iNSPIRE에서 사용한 것과 동일하다.

[표 1] FPGA와 스위치 핀 연결

Signal name	Wid	Dir	FPGA pin	B2B
PS_1_N	1	In	F4	J3–13
PS_2_N	1	In	M5	J1–14
PS_3_N	1	In	J6	J2–14
PS_4_N	1	In	F5	J3–14
PS_5_N	1	In	M6	J1–15
PS_6_N	1	In	J5	J2–15
PS_7_N	1	In	G1	J3–15
JS_LEFT_N	1	In	G2	J3–16
JS_RIGHT_N	1	In	N2	J1–17
JS_UP_N	1	In	C1	J2–16
JS_DOWN_N	1	In	J4	J2–17
JS_CENTER_N	1	In	N1	J1–16

4 Switch 제어기 설계

[그림 3]에서 설명한 바와 같이 FPGA에 연결된 스위치들을 사용하기 위해서는 [그림 4]에서와 같이 FPGA에 스위치들을 제어할 제어 블록이 필요하다.

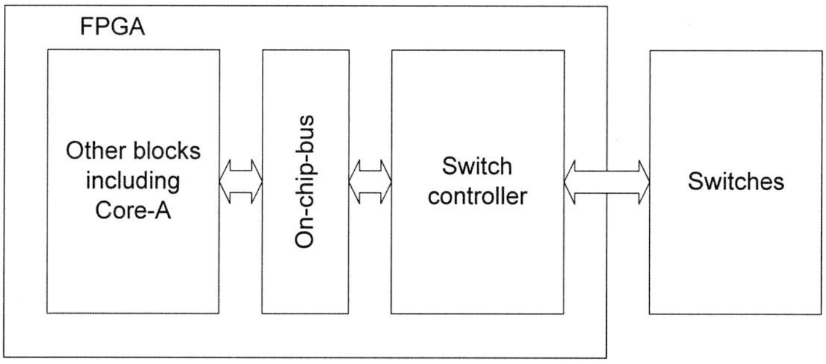

[그림 4] Switch와 스위치 제어기

5 UCF

```
NET PS_1 LOC=F4 | IOSTANDARD=LVCMOS33 ; # in
NET PS_2 LOC=M5 | IOSTANDARD=LVCMOS33 ; # in
NET PS_3 LOC=J6 | IOSTANDARD=LVCMOS33 ; # in
NET PS_4 LOC=F5 | IOSTANDARD=LVCMOS33 ; # in
NET PS_5 LOC=M6 | IOSTANDARD=LVCMOS33 ; # in
NET PS_6 LOC=J5 | IOSTANDARD=LVCMOS33 ; # in
NET PS_7 LOC=G1 | IOSTANDARD=LVCMOS33 ; # in
```

5 LED

Core-A 기초 실습 보드에 있는 LED 에 대해 상세하게 살펴본다.

1 Core-A 기초 실습 보드의 LED

Core-A 개발 보드에 장착되는 기초 실습 보드에 있는 LED들에 대해 설명한다.

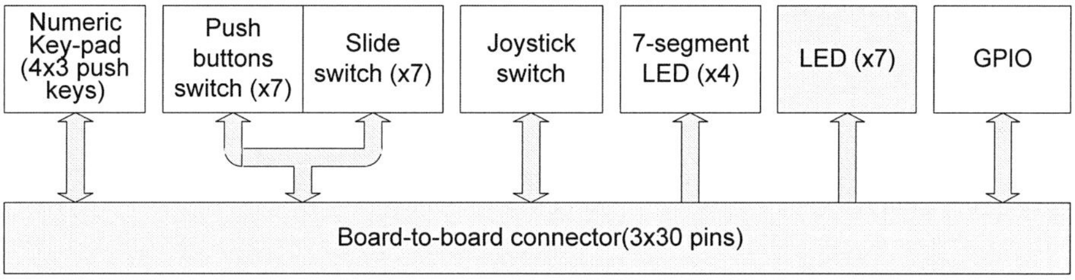

[그림 1] 기초 실습 보드

2 7 LED

Core-A 기초 실습 보드에는 개별적으로 제어가 가능한 LED(발광 다이오드)가 7 개 있다.

3 LED 와 FPGA 연결

[그림 2]에 보인 바와 같이 모든 LED의 신호는 FPGA에서 출력된다. 따라서 높은 전압으로 출력하면 해당 LED가 밝게 빛난다.

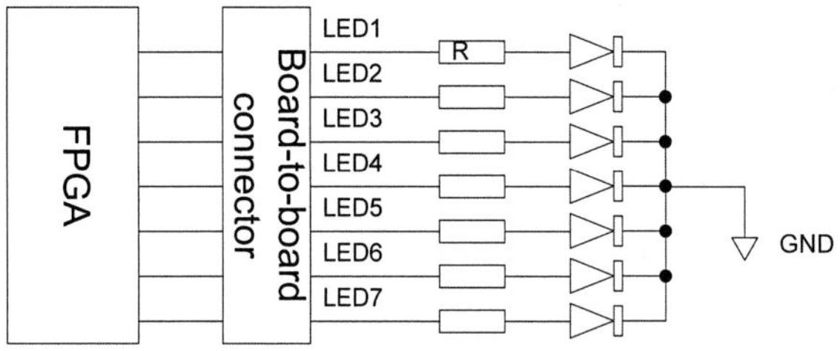

[그림 2] LED연결도

[표 1]에 LED와 FPGA 사이의 핀 연결에 대해 정리하였고, 신호의 방향은 FPGA 입장에서 기술하며, 이들 신호 이름은 iNSPIRE에서 사용한 것과 동일하다.

[표 1] FPGA와LED 핀 연결

Signal name	Wid	Dir	FPGA pin	B2B
LED1	1	Out	R4	J2–13
LED2	1	Out	L2	J1–13
LED3	1	Out	F3	J3–12
LED4	1	Out	R2	J2–12
LED5	1	Out	L1	J1–12
LED6	1	Out	F2	J3–11
LED7	1	Out	R1	J2–11

4 LED 제어기 설계

[그림 2]에서 설명한 바와 같이 FPGA에 연결된 LED들을 사용하기 위해서는 [그림 3]에서와 같이 FPGA에 LED들을 제어할 제어 블록이 필요하다.

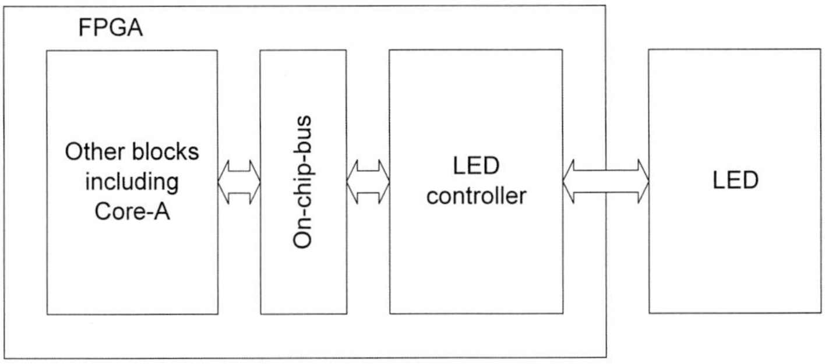

[그림 3] Switch와 스위치 제어기

5 UCF

```
NET LED1 LOC=R4 | IOSTANDARD=LVCMOS33 ; # out
NET LED2 LOC=L2 | IOSTANDARD=LVCMOS33 ; # out
NET LED3 LOC=F3 | IOSTANDARD=LVCMOS33 ; # out
NET LED4 LOC=R2 | IOSTANDARD=LVCMOS33 ; # out
NET LED5 LOC=L1 | IOSTANDARD=LVCMOS33 ; # out
NET LED6 LOC=F2 | IOSTANDARD=LVCMOS33 ; # out
NET LED7 LOC=R1 | IOSTANDARD=LVCMOS33 ; # out
```

6 GPIO[2]

Core-A 기초 실습 보드에 있는 GPIO에 대해 상세하게 살펴본다.

1 Core-A 기초 실습 보드의 GPIO

Core-A 개발 보드에 장착되는 기초 실습 보드에 있는 GPIO들에 대해 설명한다.

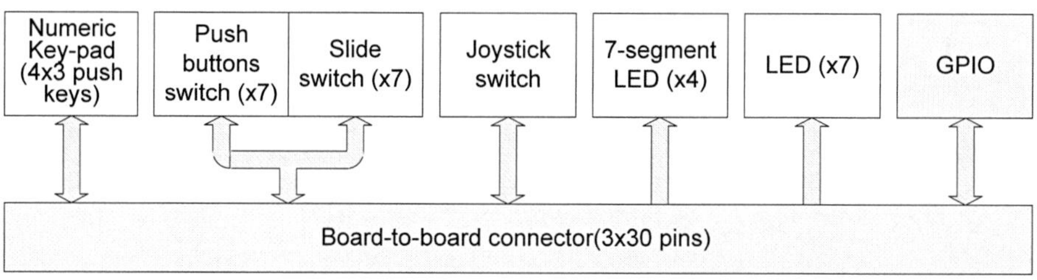

[그림 1] 기초 실습 보드

2 7 GPIO

Core-A 기초 실습 보드에는 2.54mm 간격의 16개 핀 2 열이 있고, 한열은 FPGA에 연결되고 다른 한열은 GND에 연결되어 있다.

[2] GPIO: General Purpose Input Output

3 GPIO 와 FPGA 연결

[그림 2]에 보인 바와 같이 모든 GPIO의 신호는 FPGA에 연결 된다.

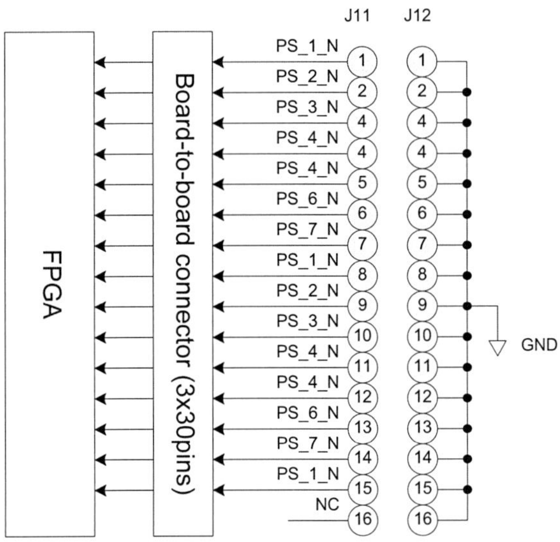

[그림 2] LED연결도

[표 1]에 GPIO와 FPGA 사이의 핀 연결에 대해 정리하였고, 신호의 방향은 FPGA 입장에서 기술하며, 이들 신호 이름은 iNSPIRE에서 사용한 것과 동일하다.

[표 1] FPGA와GPIO 핀 연결

Signal name	Wid	Dir	FPGA pin	B2B
GPIO1	1	Out/In	G3	J3–17
GPIO2	1	Out/In	N3	J1–18
GPIO3	1	Out/In	J2	J2–18
GPIO4	1	Out/In	G4	J3–18
GPIO5	1	Out/In	N4	J1–19
GPIO6	1	Out/In	C2	J2–19
GPIO7	1	Out/In	G5	J3–19
GPIO8	1	Out/In	N5	J1–20
GPIO9	1	Out/In	J1	J2–20
GPIO10	1	Out/In	G6	J3–20
GPIO11	1	Out/In	N6	J1–21
GPIO12	1	Out/In	C3	J2–21

Signal name	Wid	Dir	FPGA pin	B2B
GPIO13	1	Out/In	A11	J3–21
GPIO14	1	Out/In	L3	J1–21
GPIO15	1	Out/In	C4	J2–22

4 GPIO 제어기 설계

[그림 2]에서 설명한 바와 같이 FPGA에 연결된 GPIO들을 사용하기 위해서는 [그림 3]에서와 같이 FPGA에 GPIO들을 제어할 제어 블록이 필요하다.

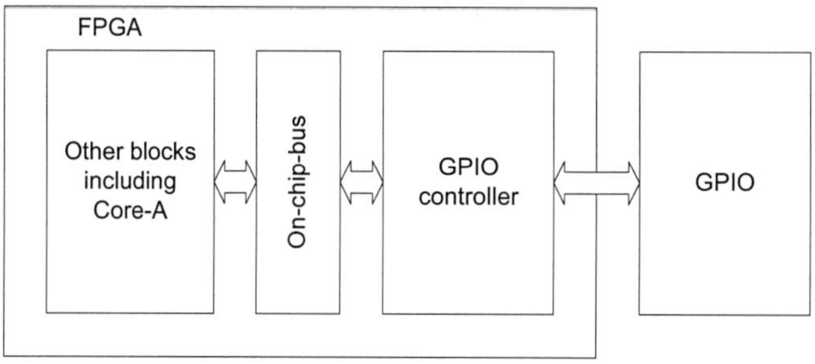

[그림 3] GPIO와 제어기

5 UCF

```
NET USER_GPIO0   LOC=G3  | IOSTANDARD=LVCMOS33 ;
NET USER_GPIO1   LOC=N3  | IOSTANDARD=LVCMOS33 ;
NET USER_GPIO2   LOC=J2  | IOSTANDARD=LVCMOS33 ;
NET USER_GPIO3   LOC=G4  | IOSTANDARD=LVCMOS33 ;
NET USER_GPIO4   LOC=N4  | IOSTANDARD=LVCMOS33 ;
NET USER_GPIO5   LOC=C2  | IOSTANDARD=LVCMOS33 ;
NET USER_GPIO6   LOC=G5  | IOSTANDARD=LVCMOS33 ;
NET USER_GPIO7   LOC=N5  | IOSTANDARD=LVCMOS33 ;
NET USER_GPIO8   LOC=J1  | IOSTANDARD=LVCMOS33 ;
NET USER_GPIO9   LOC=G6  | IOSTANDARD=LVCMOS33 ;
NET USER_GPIO10  LOC=N6  | IOSTANDARD=LVCMOS33 ;
NET USER_GPIO11  LOC=C3  | IOSTANDARD=LVCMOS33 ;
NET USER_GPIO12  LOC=A11 | IOSTANDARD=LVCMOS33 ;
NET USER_GPIO13  LOC=L3  | IOSTANDARD=LVCMOS33 ;
NET USER_GPIO14  LOC=C4  | IOSTANDARD=LVCMOS33 ;
```

부록 CD의 내용

UCF	파일 이름	내용
	ucf_corea_board.txt	Core-A 개발 보드의 UCF
	ucf_vio_board.txt	Core-A 영상 입출력 보드의 UCF
	ucf_ex_board.txt	Core-A 기초 실습 보드의 UCF

DataSheet	파일 이름	내용
	adc_AD7908_7918_7928.pdf	ADC
	audio_LM4550B.pdf	AC'97 Codec
	camera_module.pdf	Image Sensor Camera Module
	camera_MT9M111.pdf	Image Sensor Camera
	character_lcd_pmc1602.pdf	Text LCD
	dac_ltc2624.pdf	DAC
	ethernet_rtl8201cp.pdf	Ethernet PHY
	flash_28f320j3c.pdf	NOR FLASH
	fpga_spartan3.pdf	FPGA
	i2c_eeprom_21191N.pdf	USB controller I2C EEPROM
	irda_koi-6002a.pdf	IrDA
	line-driver_max3232.pdf	Line Driver
	sdram_MT48LC4M32B2.pdf	SDR SDRAM
	ssram_k7a163600a.pdf	SSRAM
	tft-lcd_LB035Q02-TD01.pdf	TFT-LCD
	touch_AD7843.pdf	Touch Screen ADC
	ultrasonic_srf10_m.pdf	Ultrasonic Sensor
	usb_cy7c67300_8.pdf	USB Controller
	video_dac_ADV7125.pdf	Video DAC

* CD에 담긴 데이터 시트는 해당 업체에서 공개한 것을 사용했으며, 이 책의 저작권과 무관하다.

찾 아 보 기

ucloud office 부록 CD 다운로드 안내

http://office.ucloud.com

ID : pptsm@ucloud.com
PW : hp2274

⇒ My ucloud ⇨ 게스트폴더 ⇨ 해당 도서 폴더 검색 ⇨
폴더 PW : ISBN(978 혹은 89를 제외한)뒤 8자리 번호를 입력

정가 14,000원

Core–A 개발 보드 활용법

(How to Use Core–A Development Board)

2010년 10월 5일 초판 인쇄
2010년 10월 13일 초판 발행

저 자 : 기안도

발행자 : 우 명 찬 · 송 준
발행처 : 홍릉과학출판사
주 소 : ㊌ 142-885 서울시 강북구 인수동 455-60
등 록 : 1976년 10월 21일 제5-66호
전 화 : 999－2274~5, 996－8341, 903－7037
팩 스 : 905-6729
ISBN 978-89-7283-823-4
hongpub@hongpub.co.kr
www.hongpub.co.kr

ISBN 978-89-7283-896-8